改訂版

はじめての TOEIC® S&Wテスト 完全攻略

Writing

Speaking

横川綾子 =著

JN087303

アルク

まえがき

　私たち英語学習者は、「聞く・読む」に比べ**「話す・書く」ことにより高い心理的なハードルを感じる**のではないでしょうか。でも、いつかは自分の意思を自由自在に表現する英語力を手にしたい——そんな私たちに発信力強化のきっかけをくれるのが、TOEIC® Speaking & Writing Tests（以下TOEIC® S&Wテスト）です。

　『改訂版 はじめてのTOEIC® S&Wテスト完全攻略』は、TOEIC® S&Wテストを初めて受験する方・学習法を知りたい方のための対策書です。本書が最初の目標としているスコアは、スピーキング・ライティングとも120点です。「満点が200点なのにそんなに低くていいの？」と思われるかもしれません。いえいえ、自力で120点以上取れることは、**基礎的な発信力の証明**になります。同時に、**その上のレベルを目指す**学習の下地ができていることも意味します。

　本書には、スピーキングとライティングで確実に120点以上を取得するためのトレーニング・練習問題・模擬テスト（巻末とオンライン版の2セット）が収録されています。TOEIC® S&Wテストの受験歴・指導経験が長いトニー・クック氏の協力を得て、「必要なこと」を「効率的に」かつ「独学で」習得できるよう、あらゆる工夫をしました。

　1つだけお願いがあります。本書の指示通り、**必ず自分の解答を録音して聞き直してください**。最初は自分の声や発音にがっかりして、レコーダーを放り投げたりするでしょう（著者はそうでした）。**2週間だけガマンしてください**。だんだん自分の声に愛着が湧いてきます。「案外イケてる？」という幻想を抱くようになるまで、それほど時間はかかりません。

　TOEIC® S&Wテストは、「ネイティブらしさ」を評価するものではありません。「英語を母語としない人が、自分の意思を効果的に英語で伝える能力」を測定します。**対策そのものが発信力の養成につながるテスト、それがTOEIC® S&Wテストです。**皆さんが本書をフル活用し、自分の意思を伝える英語力を手に入れた結果、目標スコアを達成されることを心から願っています。そして本書を手にし、発信力強化を目指す全ての英語学習者の方に、最大限の敬意を表します。

横川綾子

???? ここが知りたい!! S&W テスト

SPEAKING・WRITING

これから初めてS&Wテストを受けるというあなたは、
不安でいっぱいのはず。
そこで、テスト勉強を始める前に尋ねたい代表的な疑問を、
著者の横川先生にぶつけてみました。

Q1 英語学校に通わなくても、受験準備はできますか。

A 受験準備は自宅で、かつ1人でできるのでご安心を。「**対策書・パソコン・録音機器**」をそろえましょう。テストそのものを知り、そこで測られるスキルを知り、自分の現状を知り、対策を立て、実行していきましょう。ある程度自主練習が進み、「自分のスピーチを評価してもらいたい・アドバイスが欲しい」という場合は、S&Wテストを知る講師の指導を受けてください。

Q2 どのくらいしゃべれれば、どのくらいの点が取れますか。
ライティングはどうですか。

A S&Wテスト対策の指導経験から言うと、スピーキングは、「会話は苦手！」という方が準備なしで受験すると**100点**前後、しっかり準備をすれば120点以上取れるケースが多いです。会話を途切れずに続けられる方は**120～140点**、日常会話に支障がない方は**150点以上**を狙えます。
ライティングは、「書くのが苦手」という自覚のある方が準備なしで受験すると**100点**前後、英作文は嫌いじゃないという方なら**130～140点**、仕事で英文メールを書き慣れていらっしゃる方なら**150点**は出せるでしょう。

Q3 頭が真っ白になったとき、取るべき行動は？

A

2秒以内に全力で正気に戻ることです（！）。ネイティブスピーカーでも言葉に詰まることはあるし、むしろそれが自然です。しかし、頭が真っ白になったとき、「**無言・無音**」では**イケ**ません。スピーキング中なら、「**私はまだしゃべる意思があります！**」と伝えるために、「**音**」**を出し続けましょう**。Ah, Well, So, Umm, You know, と言葉をつなぎ、時間を稼ぎましょう。その間に何かしら言うことをひねり出します。

Q4 あやふやな単語でも使ったほうがいいですか。確実なものだけに限定したほうがいい？

A

これは難しい選択です。迷いなく堂々と「間違う」場合や、意味を勘違いしていて結果的に「間違ってしまった」場合はダメージが小さくて済みますが、**あやふやな単語を自信なさげに使ったり、何度も言い直したり、一か八かで使うことはお勧めしません**。減点を避けることを意識するなら、確実な単語に限定して使用するほうがいいでしょう。

Q5 周りの声に惑わされずに済む裏技を知りたいです。

A

早く受付を済ませるとそれだけテスト開始時間も早くなるので、人の少ない状態で、比較的静かにスピーキングテストを始められるはずです。また、**ライティング中も防音のため、ヘッドホンは着けておきましょう**。隣との仕切りが高く、個室感覚に近いオススメ会場は、東京・赤坂見附にあるIIBCテストセンターです。
なお、周りの声に惑わされないようにと**大きな声で解答していると、係員に注意されることがあります**。著者は「イエローカード」のようなメモを解答中に差し込まれて以来、声量には気を付けるようになりました。

問題形式別のQ＆Aも、各章の最後に掲載されています。
学習を進めながら、S＆Wテストに関するあんな不安、こんな疑問を解消していきましょう!!

CONTENTS

目 次

((((ıı Speaking Test

🔵目標 準備時間は**声を出して練習**
メリハリをつけ、伝える気持ちで音読しよう!

🔵目標 全体→細部→推測・感想 の流れで
4センテンス以上話そう!

🔵目標 Q5とQ6は**2文**、Q7は**5文**、
フルセンテンスでテンポ良く!

Q8-10 提示された情報に基づく応答問題

🔵目標 Q8は**特定情報**、Q9は**確認と訂正**、Q10は**要約**。
定型表現を使い、資料を読み上げていくイメージで!

🔵目標 「**意見・理由・具体例の3本柱**」で
説得力のある解答を

➤ Writing Test

Q1-5 写真描写問題
Write a Sentence Based on a Picture

🎯 文法に注意し、柔軟な発想で
簡潔に書く

Q6-7 E メール作成問題 Respond to a Written Request

🎯 テンプレートや使える構文をフル活用して
3つの課題に簡潔に答える！

Q8 意見を記述する問題 Write an Opinion Essay

🎯 「序論・本論1・本論2・結論」の4パラグラフ構成
まずは200語前後を目標に

模擬テスト Mock Test

本書のねらいと構成

● REC　必ず声を出そう！

　マークシート式のTOEICテストと異なり、本書で扱うスピーキングテストとライティングテストでは、受験者が発した英語、入力した英語が評価され、スコアとなります。

　特にスピーキングテストは、声を出さずにスコアを上げる学習をすることはできません。必ずICレコーダーやスマートフォンなどの録音できる機器を用意して、声を出しながら学びましょう。

　本書のスピーキングテストを扱ったページでは、● REC マークで解答を録音すべきコーナーを知らせています。また、録音した内容を聞いて評価したり、書き取ったりするページも随所に設けられています。

　最初は抵抗があるかもしれませんが、**自分の発する英語の質を上げることが、スコアアップにつながります**。自分の英語と向き合い、長所を伸ばし、短所を改善して真のコミュニケーション力を身に付けましょう。

● TYPE　タイピングは時間管理を！

　普段パソコンに触れている人でも、シビアな時間制限の中で、辞書もスペルチェック機能も使わずに英語を入力した経験はあまりないはず。

　本書のライティングテストを扱ったページでは、● TYPE マークで解答を入力すべきコーナーを知らせています。こうした問題に取り組む際は、パソコンの**スペルチェック機能をオフ**にしましょう。

　また、時間制限を設けているコーナーも多いので、**必ずタイマーやその代替品を用意して、時間管理を行うこと**。

　タイピングのスピードを上げ、解答時間を効率よく使うためのトレーニングも設けられているので、決して読むだけ、テキストに書き込むだけで終わらせず、実際にパソコンを立ち上げて、**時間管理しながら解答を入力**しましょう。

試験の概要

各問題形式の概要を、実際に問題に挑戦しながら頭に入れます

時間配分
サンプル問題
自己採点

目標
採点項目
模範解答

時間配分

特にスピーキングテストは準備時間、解答時間が問題形式ごとに大幅に異なります。しっかり確認しましょう。

採点項目

その問題形式で評価されるポイント。対策に直結しているので、赤い文字の部分を中心にチェックしましょう。

目標

その問題形式で目標とすることがシンプルに示されています。

サンプル問題

指示に従って、本番形式の問題を体験し

ます。

自己採点

採点項目に沿った自己評価用のチェックシート。120点を獲得するためには、このシートの4つ以上の項目をクリアすることが必要です。

模範解答

基本的に模範解答は全て音声で収録されています。自己採点の後は、模範解答の音声にオーバーラップ（音声と同時に英文を音読すること）したり、自分の音読と比べたりしてみましょう。ライティングテストの模範解答でも同様のトレーニングを行うと、文を速く正確に書く力を身に付けられます。

9

試験対策

攻略ポイントを明確にして、スコアアップのための学習を行います

これだけ! リスト

学習ラウンド

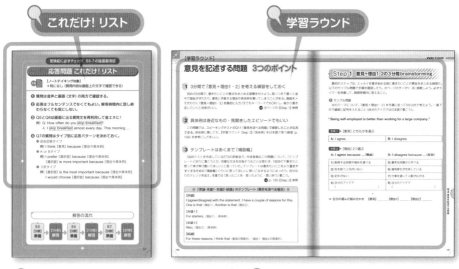

これだけ! リスト

その問題形式攻略に最も重要な項目を集めたページ。受験直前にも必ずチェックしましょう。

学習ラウンド

問題形式別のポイントをまとめた後、それらをマスターするため、ステップを踏んで学習します。

Practice

加点ポイントはこれ!

アァァ ここが知りたい!! Q&A

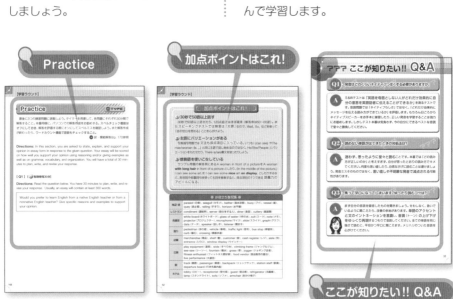

ここが知りたい!! Q&A

💬 Practice

学んだ内容の定着を確認するため、本番形式の問題に挑戦します。時間制限を守り、必ず解答を録音、または入力しましょう。受験後は自己採点を行い、模範解答を音読したり、音声にオーバーラップしたりして、使いやすい表現を1つでも多く身に付けましょう。

💬 加点ポイントはこれ!

120点以上を目指すためのコツをまとめました。今後の目標としましょう。

💬 ここが知りたい!! Q&A

テストに初挑戦する人が抱きやすい疑問に、Q&A形式で回答しています。総合的なQ&A (p. 4参照) もあります。

※その他、S&Wテストに対する全体的な心構えを説いた「**勘ドコロ・コラム**」(p. 39、106、119) も要チェック。

● 模擬テスト

　学習の成果を本番形式のテストで確認!　模擬テスト1は誌上で、模擬テスト2は本番により近い、インターネット上で受験します (詳細はp. 177参照)。どちらのテストも必ず自己採点し、模範解答の音読、オーバーラップを行いましょう。

音声ダウンロードについて

本書の音声は全て、アルクの「ダウンロードセンター」またはスマートフォン・アプリ「booco」よりダウンロードしていただけます (どちらも無料です)。

■ アルク「ダウンロードセンター」■

https://portal-dlc.alc.co.jp/

■ スマホで音声の再生ができるアプリ「booco」■

https://www.booco.jp/

上記URLでアプリをインストール後、ホーム画面下「さがす」の検索窓に本書の商品コード7023045を入れて検索し、音声をダウンロードしてください。

※本書では、収録音声について、ファイル001であれば 🅓🅛 001 のように表示しています。

ダウンロードセンターおよびboocoの内容は、予告なく変更する場合がございます。あらかじめご了承ください。

TOEIC® スピーキングテスト＆ ライティングテスト とは？

　TOEIC® スピーキングテスト&ライティングテスト（以下、TOEIC S&Wテスト）は、TOEIC® Programの開発・実施で知られる世界最大の非営利テスト開発機関、Educational Testing Service（以下、ETS）が、国際的な職場環境において、効果的に英語でコミュニケーションをするために必要な「話す・書く」能力を測定するために開発した。現在世界25カ国で実施され、日本においても2006年の実施以来、徐々に受験者数を伸ばしている。

　本テストの特徴は、試験が全てパソコンで行われることで、2019年6月からは試験中にメモ（指定用紙を配布、試験終了後に回収）を取ることが可能になった。

　スピーキングテストは全部で11問。5つの問題形式に分かれていて、ヘッドセット（ヘッドホンとマイクのセット）を着用し、画面と音声の指示に従って約20分間で受験する。解答はマイクを通じて録音される。

●スピーキングテストの構成

内容	問題数	解答時間	課題概要	評価基準	採点スケール
音読問題	2	各問45秒	アナウンスや広告などの内容の、短い英文を音読する	・発音 ・イントネーション、アクセント	0〜3
写真描写問題	2	30秒	写真を見て内容を説明する	上記の事柄全てに加えて ・文法・語彙 ・一貫性	0〜3
応答問題	3	15秒または30秒	身近な問題についてのインタビューに答えるなどの設定で、設問に答える または、電話での会話で、設問に答える	上記の事柄全てに加えて ・内容の妥当性 ・内容の完成度	0〜3
提示された情報に基づく応答問題	3	15秒または30秒	提示された資料や文書（スケジュール等）に基づいて、設問に答える	上記の事柄全て	0〜3
意見を述べる問題	1	60秒	あるテーマについて、自分の意見とその理由を述べる	上記の事柄全て	0〜5

「TOEIC Speaking & Writing」は2016年8月5日より「TOEIC Speaking & Writing Tests」（略称：TOEIC S&W）に名称変更されました。

ライティングテストは全部で8問。3つの問題形式に分かれていて、画面の指示に従ってキーボードで解答を入力する。受験時間は**約1時間**。

●ライティングテストの構成

内容	問題数	解答時間	課題概要	評価基準	採点スケール
写真描写問題	5	5問で8分	与えられた2つの語（句）を使い、写真の内容に合う1文を作成する	・文法 ・写真と文章の関連性	0〜3
Eメール作成問題	2	各問10分	25〜50語程度のEメールを読み、返信のメールを作成する	・文章の質と多様性 ・語彙 ・構成	0〜4
意見を記述する問題	1	30分	指示されたテーマについて、自分の意見を理由あるいは例とともに記述する	・理由や例を挙げて意見を述べているか ・文法・語彙・構成	0〜5

公開テストは、スピーキング・ライティングがセットの場合、指定の会場で年24回、日曜の午前・午後に1回ずつ実施される。スピーキングを単体で受験することも可能で、年48回、日曜日に実施される。

受験者の解答はETS認定の採点者によって評価され、結果はスピーキング、ライティングともそれぞれ**0〜200点のスコア**（10点刻み）で示される。また、スコアを基にした評価がスコアレンジ別評価（Score Range Descriptions）として、スピーキングテストは8段階、ライティングテストは9段階で表示される。

●スピーキングテスト

スピーキングスコア
190〜200
160〜180
130〜150
110〜120
80〜100
60〜70
40〜50
0〜30

●ライティングテスト

ライティングスコア
200
170〜190
140〜160
110〜130
90〜100
70〜80
50〜60
40
0〜30

公開テストの場合、**テスト終了後30日以内**に評価を記した「Official Score Certificate（公式認定証）」が送られてくる。申込時にテスト結果のインターネット表示を希望すると、試験日から17日後に結果を知ることができる。

TOEIC® リスニングテスト＆リーディングテスト（以下、TOEIC L&Rテスト）とTOEIC S&Wテストのスコアの相関については、以下のような比較表が発表されている。

●スピーキングテストとの相関

TOEIC L&Rテスト スコア（平均値）	スピーキング テストスコア
950〜990 (975)	170以上
880〜945 (910)	160
815〜875 (845)	150
745〜810 (780)	140
675〜740 (710)	130
605〜670 (640)	120
535〜600 (570)	110
465〜530 (500)	100
395〜460 (430)	90
350〜390 (370)	80
10〜345 (285)	70以下

●ライティングテストとの相関

TOEIC L&Rテスト スコア（平均値）	ライティング テストスコア
960〜990 (980)	180以上
890〜955 (920)	170
825〜885 (855)	160
760〜820 (790)	150
695〜755 (730)	140
625〜690 (655)	130
560〜620 (595)	120
495〜555 (530)	110
425〜490 (465)	100
360〜420 (400)	90
350〜355 (350)	80
10〜345 (290)	70以下

受験の申し込み等は下記の公式ウェブサイトで受け付けている。

https://www.iibc-global.org

本書に掲載したTOEIC S&Wテストの評価基準等のデータは、日本におけるTOEIC実施・運営団体である一般財団法人 国際ビジネスコミュニケーション協会発行の『公式TOEIC® Speaking & Writing ガイドブック』および同協会の発表資料に基づいています。

TOEIC® S&Wテスト ノートテイキング攻略法

2019年6月から試験中にメモ（指定用紙配布⇒試験後回収）を取ることが可能になった。この運用変更をスコアアップに生かすためのコツを確認しよう。

① 目的別ノートテイキングの種類

リスニングメモ 聞き取った音声の内容を記録する

解答に必要な内容を忘れないよう、聞きながら内容を整理してメモを取ろう。メモを取る前提で音声を聞くと集中力が高まる利点があるが、ノートテイキングに夢中になって内容を聞き逃さないよう気を付けよう。

アイデアメモ 解答に使うアイデアを書き留める

効果的に解答できるよう、準備時間中に使えそうなアイデアをできるだけ多く書き出しておこう。メモは手元に置き、使ったアイデアにはチェックを入れたりしながら解答するとよい。

② 問題別ノートテイキングの必要性 (S: Speaking W: Writing 数字は問題番号)

メモは必須	メモは取らなくても対応可能	メモを取る必要はない
📝 必須	📝 推奨	📄 不要
S3-4 アイデアメモ （写真の中にあるもの）	S8-10 リスニングメモ （問い合わせの内容）	S1-2 音読問題 S5-7 応答問題
S11 アイデアメモ （トピックに対する自分の意見）		
W8 アイデアメモ （トピックに対する自分の意見）	W6-7 アイデアメモ （返信に関する3つの項目）	W1-5 写真描写問題

☞ 「必須」に分類されている問題（S3-4、S11、W8）のPracticeと模擬テスト1・2では、解説ページで各設問のサンプルメモを提示しています。合わせて参考にしてください。

リスニングメモ

攻略ポイント

☑ 聞き取れた内容を一言一句書き留めようとしない

☑ 必要に応じて略語・記号・絵・カタカナ・漢字を使い、省エネする

☑ メモは横に広げず、下へ下へと書き進める

☑ トピックが変わったら改行して行間を空ける

> 受験前にしっかり
> 練習しよう！

🖋 リスニングメモ上達法 🖋

1. まずはリスニング練習をしっかりと行う
2. 内容をほぼ理解できたら、メモを取りながら聞く
3. リスニングとノートテイキングのマルチタスクに慣れる

【サンプルメモ】 **S8-10 指示された情報に基づく問題**（80ページ参照）より

〈 S8-10 音声スクリプト 〉※Q10の設問読み上げは2回

キーワード

Good morning. This is Terry Wilson from 123 Job Search. I will give a talk at the Lasley Town Employment Seminar. I'd like to check some of the details.

Q8: Where will the seminar be held, and what time does it begin?

Q9: I understand that Tom Young from West Fashions is also going to be speaking. Will I be able to listen to his presentation after my talk?

Q10: I'd like to know more about the presentations in the afternoon, please.

〈 S8-10メモ例 〉

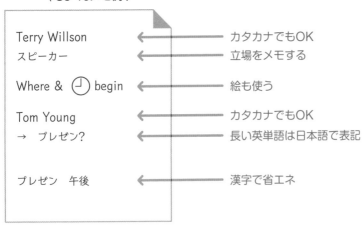

Terry Willson	← カタカナでもOK
スピーカー	← 立場をメモする
Where & 🕐 begin	← 絵も使う
Tom Young	← カタカナでもOK
→ プレゼン?	← 長い英単語は日本語で表記
プレゼン 午後	← 漢字で省エネ

アイデアメモ

攻略ポイント

☑ 連想するキーワードを思いつくままに書き出す

☑ 書き出したアイデアを全て使おうとしない

☑ メモを手元に置き、アイデアを確認しながら解答していく

☑ 解答に使ったアイデアには線を引く

受験前にしっかり
準備しよう！

アイデアメモ上達法

1. 本番と同じ時間制限を設けて、アイデア出しの練習をする
2. 解答例を読み、論じられているアイデアを書き出す
3. ニュースや時事問題に関心を持ち、自分の意見を持つ習慣を付ける

【サンプルメモ】 **S3-4 写真描写問題** （35ページ参照）より

〈 S3-4写真 〉

※実際はカラー写真

〈 S3-4メモ例 〉

```
park  trees  street
fall?
ppl: stand, sit, look at art
```

```
♂ draw a pic
♂ on a chair, pose
♀ blue jeans
♀ white jacket
```

〈 メモを基にした模範解答の一部 〉

This is a picture of a park scene. In the middle of the picture, I can see some art. In the background, there are many trees. On the left, I can see a man sitting on a chair. He is …

アイデアメモ

【サンプルメモ】W8 意見を記述する問題（155ページ参照）より

〈 W8トピック 〉

Do you agree or disagree with the following statement?
　Being self-employed is better than working for a large company.
Use specific reasons and examples to support your answer.

〈 W8メモ例 〉　　　　　　　　　〈 メモを基にした模範解答の一部 〉

Disagree
large co.

1. financial security
$: regular vs. 〰〰↘
self-employed → risky

2. how to work w/ people
on project:
communicate, more ideas
life skill

I disagree with the
statement. I have a couple
of reasons for this. One is
that a large company gives
better financial security
and being self-employed is
riskier. Another is that you
can learn how to work well
with other people at a large
company...

18

Speaking Test

スピーキングテストで最も重要なのは、自分の解答をモニターすること。自分がどんな英語を話しているか、必ず録音してチェックしよう。話せるようになるためには、「話す練習をすること」が絶対に欠かせない。実際に話す声の大きさで、英語を口に出そう。

Q1-2 音読問題

Q1 → 45秒 準備 → 45秒 解答 → Q2 → 45秒 準備 → 45秒 解答

音読問題は、画面に表示される50語前後の英文を45秒の準備時間の後、45秒で音読するタスクだ。英文は広告・天気予報・交通情報・留守電メッセージなど生活に密着した内容で、TOEIC L&RテストのPart 4に登場するトークに似ている。解答時間には余裕があるので、**焦らず、メリハリをつけ、聞き手に情報を伝える気持ちで音読しよう**。

●採点項目： 発音(P)／イントネーション・アクセント(I/A)	
採点スケール	**採点ポイント**
3	P ：些細なミスや、他の言語の影響がわずかにあるものの、非常にわかりやすい。 I/A：強調されるべき部分、間の取り方、音の高低が適切である。
2	P ：いくつかのミスや、他の言語の影響が多少あるものの、おおむねわかりやすい。 I/A：いくつかのミスや、他の言語の影響が多少あるものの、強調されるべき部分、間の取り方、音の高低は全体的によい。
1	P ：わかりやすいところもあるが、他の言語の影響が大きいため、適切な話し方が妨げられている。 I/A：強調されるべき部分、間の取り方、音の高低が適切でなく、他の言語の影響がかなり見られる。
0	P、I/A：無解答、もしくは解答の中に英語が含まれていない、またはテストと全く関係ないことを答えている。

※スピーキングテストの認定証では、スコアとともにPronunciation（発音）とIntonation and Stress（イントネーションとアクセント）の評価も3段階（HIGH/MEDIUM/LOW）で示される。

目標！ 準備時間は**声を出して練習** **メリハリをつけ、伝える気持ちで音読しよう！**

Q 1 · 2 音読問題

サンプル問題にチャレンジ！

 ● REC

　まずは例題に挑戦！　必ず録音機器を使って自分の解答を録音し、次ページでそれを細かくチェックしよう。

　トラック001には**Directions→45秒の準備時間（Begin preparing now. ［準備を始めてください］で始まる）→45秒の音読時間（Begin reading out loud now. ［音読を始めてください］で始まる）→終了のビープ音**が収録されているので、途中で止めずに解答すること。

 001

Directions: In this section, look at the text on the screen and read it out loud. You will be given 45 seconds of preparation time and then 45 seconds to read out the text.

（**ディレクション**：このセクションでは、画面の英文を見て音読してください。準備時間は45秒、解答時間は45秒です）

※本書に掲載している指示文（ディレクション）は、アルクが制作したサンプルです（以下同）。

（英文はパソコン画面に表示される）

Question 1:

> Do you want to help your local community? Bayside Environmental Action Group is looking for volunteers who can give some time during the summer months to help cut grass, plant flowers, and clean up the town's parks. If you have time to help out, visit our Web site for more details.

自分の解答をチェックしよう！

　録音した自分の声を聞いて、模範解答と比べてみよう。特に矢印で示されているイントネーションに注意 (太い文字＝はっきり発音する語についてはp. 24、27参照)。

 002

模範解答のイメージ

Do **you want** to **help** your **local community**? **Bayside Environmental**

Action Group is **looking** for **volunteers** who can **give some time** during

the **summer months** to **help cut grass**, **plant flowers**, and **clean** up the

town's parks. If you **have time** to **help out**, **visit** our **Web site** for more

details.

自分の解答を評価しよう！

録音した自分の声を聞きながら、下記の項目について評価しよう。

音読問題の評価ポイント 120点取得には「4つ以上クリア」を目指そう	OKなら ✔
1. 英文を読んで内容をイメージできた	☐
2. 準備時間中に声を出して練習した	☐
3. 固有名詞・数字は言い直さずに音読できた	☐
4. 英語らしい発音を心がけた	☐
5. 単語のアクセントは正確だった	☐
6. イントネーションの上げ・下げを意識できた	☐
7. 意味のまとまりを意識できた	☐

英文の訳

地域社会に貢献したいとお考えですか？　ベイサイド環境保護活動グループは、夏の間に、草刈り、花植え、町の公園の清掃といったお手伝いに時間を割いてくださるボランティアを募集しています。お手伝いしてくださる時間がおありでしたら、ウェブサイトにアクセスして詳細をご覧ください。

音読問題 これだけ! リスト

 【ノートテイキング対象】
● 特になし(音読練習しておきたい語句があればメモしておく)

❶ 準備時間には、必ず声に出して練習する。
固有名詞や数字は音読し、リハーサルしておくと安心。

❷ 準備時間中に英文で並列されている表現を確認し、適切な抑揚をつける。
● A ↗ and B ↘
● A, ↗ B, ↗ and C ↘

❸ 疑問文のイントネーションは正確に。
● Yes/Noで回答できる疑問文⇒文末を上げる
● 疑問詞 (例:What) を使った疑問文⇒文末は上げない

❹ 意味のまとまりは一気に、意味の切れ目では一呼吸置く感覚で。

❺ 英文の目的を具体的にイメージし、聞き手の存在を意識する。

解答の流れ

S1 【45秒】 準備	→	【45秒】 解答	→	S2 【45秒】 準備	→	【45秒】 解答

音読問題 3つのポイント

❶ 「意味のまとまり」を意識して、緩急をつける

　英語のリズムは日本語とはかなり違う。常に「意味のまとまり」を意識して、緩急のある読み方を心がけよう。1つのまとまりは一息に読み、次のまとまりの前に一呼吸置くようなイメージをもってほしい。最初は意識的に練習して、慣れてきたら模範解答の音声を「完全コピー」してみよう。　　　　　🔊 右ページ【Step 1】参照

● 意味のまとまりの例

Ladies and gentlemen, / welcome aboard / the Urban Express / bound for / Central Station.

(皆さま、中央駅行き都市特急列車にようこそご乗車くださいました)

❷ 「内容語」と「機能語」でトーンを変え、メリハリをつける

　英語では、しっかり伝えたい重要情報は音のボリューム（音量）ではなく、トーン（音調）の上げ下げをコントロールして、聞き手の注意を促す。重要なメッセージを表す「内容語」と、文法的な機能はあるが意味的な内容は薄い「機能語」とでトーンを変えよう。よりメリハリのある、聞き手に伝わる音読になる。　　　　　🔊 p. 27【Step 2】参照

● 内容語と機能語のトーン変化の例

Ladies and **gentlemen**, / **welcome** aboard / the **Urban Express** / **bound** for / **Central Station**.

❸ 英語特有の音を正確に。アクセントの位置も重要

　意外かもしれないが、「母音」の発音が正確だと、より伝わる英語になる。日本語より圧倒的に数が多い英語の母音を正しく発音し分けることが、聞き手に誤解を与えない音読の第一歩と言える。「日本語にない子音」にも注意が必要。また、アクセントの位置が違うと、正しく伝わらないこともある。とはいえ、「ネイティブスピーカーのように発音する」のではなく、「英語を母語としない英語話者として、誤解されないように発音する」ことを目標としよう。

● 注意したい母音・子音・アクセントの例 ●		
母音	**子音**	**アクセント**
[æ]　例：action	[r]　例：ready, run	① 名詞と動詞で異なる
[ɑ]　例：product	[l]　例：help, will	例：record（名）
[əːr]　例：terminal		record（動）
※日本語は基本的に子音＋母音なので、英語を発音する際も、子音で終わる単語に母音を付けてしまう傾向がある。例：product　×producto	×[f] を [hu]、[v] を [b] で代用　例：flower　× hulower　visit　× bisit	② 最初の音節に置くもの　例：celebrate

Step 1　「意味のまとまり」を意識する!

❶サンプル問題の英文を、意味のまとまりごとに「 / 」で区切ってみよう。
（解答例は❷を参照）

Do you want to help your local community? Bayside Environmental Action Group is looking for volunteers who can give some time during the summer months to help cut grass, plant flowers, and clean up the town's parks. If you have time to help out, visit our Web site for more details.

---

❷意味のまとまりごとに、0.5～1秒の間を置いて音読しよう。録音した音読を聞いて、間がきちんとわかるか確認しよう。

🔴 REC

Do you want to help　your local community?
Bayside Environmental Action Group　is looking for volunteers
who can give some time　during the summer months
to help cut grass,　plant flowers,　and clean up the town's parks.
If you have time　to help out,　visit our Web site　for more details.

❸ 模範解答を聞いて、自分の音読と比べてみよう。そして模範解答をまねしてみよう。

 002

❹ 意味のまとまりを意識しつつ、まとまりごとの間を0.5秒以下にして自然に音読しよう。録音した自分の音読を聞いて、間を確認しよう。

Do you want to help your local community? Bayside Environmental Action Group is looking for volunteers who can give some time during the summer months to help cut grass, plant flowers, and clean up the town's parks. If you have time to help out, visit our Web site for more details.

❺ もう一度模範解答を聞いて、自分の音読と比べよう。その後、模範解答をまねて音読しよう。

 002

🐢 これから登場する英文も、以下の段階を踏んでトレーニングしよう。
　　1) 意味のまとまりで区切る
　　2) そのまとまりを意識しながら、間を0.5～1秒置いて音読
　　3) 徐々に間を自然な長さ（0.5秒以下）にして音読
　　模範解答をたくさん聞き、「物まね」するようなつもりで練習を続けよう。

● 英文を区切る目安 ●
① 長い主語の後
② 動詞の後
③ 目的語の後
④ 分詞・関係詞・前置詞・to不定詞などで始まる、修飾する節や句の前
⑤ 接続詞（＝新たな「主語＋動詞」の始まりを示す語句）の前
⑥ カンマの後

Step 2 「内容語と機能語」の違いを理解する！ ● REC

　内容語は、「話し手が伝えたい情報や重要なメッセージ」を含む語。目立って聞こえるようはっきり発音し、機能語のほうは抑え気味に発音すると、聞き手にメッセージが伝わりやすくなる。

- ●**内容語：単独で意味をもつ語**
  - ⇒名詞・動詞・形容詞・副詞・指示代名詞 (thisやthat)・疑問詞
- ●**機能語：文法的な機能はあるが、内容的な意味は薄い語**
  - ⇒冠詞・助動詞・人称代名詞 (Iやthem)・前置詞・接続詞・関係詞
    - ※ただし話し手の意図によって、機能語をはっきり発音したり、内容語を抑えたりすることもある。

❶ サンプル問題の英文に含まれる内容語を◻で囲もう。(解答は❷を参照)

Do you want to help your local community? Bayside Environmental Action Group is looking for volunteers who can give some time during the summer months to help cut grass, plant flowers, and clean up the town's parks. If you have time to help out, visit our Web site for more details.

---

❷ 内容語ははっきり、機能語は抑え気味に音読し、録音した自分の音読を確認しよう。
　※はっきり発音される機能語については、22ページの「模範解答のイメージ」で確認しよう。

● REC

Do you want to help your local community? Bayside Environmental Action Group is looking for volunteers who can give some time during the summer months to help cut grass, plant flowers, and clean up the town's parks. If you have time to help out, visit our Web site for more details.

❸ 模範解答を自分の音読と比べよう。その後、模範解答をまねて音読しよう。

DL 002

これから登場する英文でも、単語を内容語と機能語に分け、**内容語をはっきり読む練習**をしよう。**Step 1**で学んだ「意味のまとまり」を意識して緩急をつければ、より英語らしいメリハリのある音読になる。**模範解答を「完全コピー」するつもり**で練習を続けよう。

Practice

● REC

最後に2セット、合計4問の練習問題に挑戦しよう。セットごとに**音声を使って**、制限時間を計ること。Q1の音読時間終了後、Q2のディレクションが流れるので（実際のテストでは流れない）、2問続けて解答する。自分の解答は**必ず録音**しよう。

訳と音読の模範解答・解説はp. 31参照

 003

Directions: In this section, look at the text on the screen and read it out loud. You will be given 45 seconds of preparation time and then 45 seconds to read out the text.

Set 1

【Q1】

Ladies and gentlemen, welcome aboard the Western Express train bound for Samville. Food and beverage vending machines are located in cars 4, 6, and 8. Please make sure that your baggage is placed in the overhead compartments and have your ticket ready for inspection. Thank you for traveling on the Western Express.

【Q2】

For two decades, Simpson Golf has been the one-stop location for all of your golfing needs. To celebrate our anniversary, we are offering large discounts on clubs, balls, and golf wear. Also, if you buy any item from our store throughout the month of June, you will be entered into our prize draw.

Set 2 （Set 1と同じ音声ファイルを使用）

【Q1】

In business news, Telbot Retail has announced an eight percent increase in sales over the past six months. Most analysts had predicted that profits would fall due to increased competition from rival supermarkets. We will hear more business news straight after the following commercial messages from our sponsors.

【Q2】

As part of its ongoing commitment to recycling, Polton City has decided to make the following changes to garbage collection dates. Burnable items, such as food waste, will now be collected every Monday, Wednesday, and Friday. However, nonburnable items will continue to be collected every Thursday as usual.

自分の解答を評価しよう！

録音した声を基に、下記の項目について評価しよう。

音読問題の評価ポイント 120点取得には「4つ以上クリア」を目指そう	OKなら ✓ S1-Q1	OKなら ✓ S1-Q2	OKなら ✓ S2-Q1	OKなら ✓ S2-Q2
1. 英文を読んで内容をイメージできた	☐	☐	☐	☐
2. 準備時間中に声を出して練習した	☐	☐	☐	☐
3. 固有名詞・数字は言い直さずに 　 音読できた	☐	☐	☐	☐
4. 英語らしい発音を心がけた	☐	☐	☐	☐
5. 単語のアクセントは正確だった	☐	☐	☐	☐
6. イントネーションの上げ・下げを 　 意識できた	☐	☐	☐	☐
7. 意味のまとまりを意識できた	☐	☐	☐	☐

Practiceの訳と音読の模範解答・解説

※音読の模範解答は問題番号の後ろに表示されている音声ファイルに収録されています

Set 1

Q1 004

皆さま、サムビル行きウエスタン特急列車にようこそご乗車くださいました。飲食物の自動販売機は4号車、6号車、8号車にございます。お荷物が頭上の荷物入れに入っていることをご確認の上、検札に備えてお手元に切符をご用意ください。ウエスタン特急にご乗車いただきありがとうございます。

> **解説** 特急列車の車内アナウンス。準備時間には、固有名詞であるWestern ExpressやSamville、数字である4, 6, and 8を声に出してリハーサルしておくと安心だ。並列構造になっている4, 6, and 8のイントネーション（↗ ↗ and ↘）は丁寧に再現しよう。子音v（例：beverage, vending, overhead）を子音bに置き換えて発音しないこと。車掌になりきってカッコよく音読しよう。

Q2 005

20年前から、シンプソン・ゴルフはゴルフに必要なものが何でもそろう店でした。20周年を記念して、当店ではクラブ、ボール、ゴルフウエアの大幅値下げを行っております。また、6月中に当店で何か商品をお買い上げくださったお客さまは、賞品の抽選にエントリーされます。

> **解説** ゴルフ用品店の20周年記念セールの広告。固有名詞のSimpson Golf、季節のJune、並列構造のclubs, balls, and golf wear（↗ ↗ and ↘）は準備時間にリハーサルをした上で、自信をもって発音しよう。decades, anniversary, Also, Juneの後にはカンマがある。ここで一息つき、その後は滑らかに読むようにすると、メリハリのある、聞きやすい音読になる。思わずお店に行きたくなるような、聞き手に訴える音読が理想だ。

Set 2

Q1 006

ビジネスニュースですが、テルボット小売りチェーンはこの6カ月間に売り上げが8パーセント増加したと発表しました。大半の分析筋は、ライバルのスーパーとの競争が過熱することで利益が落ちるだろうと予想していました。この後、番組スポンサーからのCMに引き続き、ビジネスニュースをさらにお伝えします。

> **解説** 小売りチェーンの売り上げ増を伝えるニュース。ビジネス関連の単語が多く、難度が高いと感じたかもしれない。has announced、an eight percent increase in sales、over the past six months、Most analysts had predicted、profits would fall、competition from rival supermarketsといった表現は意味を確認後、繰り返し音読して、読みながら意味が瞬時に浮かぶようにしておこう。ニュースらしい、冷静かつ正確な音読が求められる。

Q2 DL♪ 007

リサイクルに対する継続的な取り組みの一環として、ボルトン市ではゴミ収集日を以下のとおり変更することにしました。生ごみなどの可燃物は今後、毎週月・水・金曜日に収集します。ただし、不燃物はこれまでどおり毎週木曜日の収集を続けます。

解説　市からの「ゴミの収集日が変わる」という告知。新しい収集日であるMonday, Wednesday, and Friday（↗ ↗ and ↘）は聞き手にとって重要な情報だ。並列構造を意識してしっかり音読しよう。Burnable items（可燃物）とnonburnable items（不燃物）では、形容詞の違いがそのままゴミの種類を表している。形容詞burnable/nonburnableは、はっきりと発音してほしい。市民に情報を正確に伝える気持ちで音読しよう。

加点ポイントはこれ！

① 噛まない・迷わない・言い直さない

　著者は音読問題でいわゆる「噛む」という行為を2回して、イントネーションとアクセントの評価がMEDIUMになったことがある。**急がず、落ち着いて音読しよう**。また固有名詞など、読み方に自信がない単語があっても、途中で**迷ったり、言い直したり、小声になったりしないこと**。発音が確定している普通名詞とは違い、固有名詞は人によって読み方が違うこともある（例：Megan〈人名〉[mɛɡən/meigən] など）。堂々と迷いなく読み上げよう。

② 母音の区別がしっかりできている

　日本語の母音は5つしかないが、英語の母音は分類によって15とも30以上とも言われている。私たち英語学習者はthの発音やLとR、FとVの区別といった子音の発音を気にしやすいが、**母音が正確に発音できると断然英語らしく聞こえる**ことも覚えていてほしい。音読問題の英文にある単語の母音の発音を、全て辞書で調べてみるのもおススメだ。自分が長年思い込んでいた発音とは違うこともある。

③ アナウンサーやDJになりきって、緩急とメリハリをつける

　細かな注意事項にとらわれて萎縮した音読になってしまっては本末転倒！　音読する際は**プロのアナウンサーかDJになったつもりで**。英語を母語としない英語話者をネイティブスピーカーが評価する際、細部の発音より、全体のテンポやイントネーションの「本物らしさ」をより重視するという研究結果がある。英語らしい、**緩急とメリハリのある音読を目指そう。**

??? ここが知りたい!! Q&A

Q1 発音はどのくらいネイティブっぽくする必要がありますか。

A S&Wテストは「英語を母語としない人がどれだけ効果的に自分の意思を英語話者に伝えることができるか」を測るテストです。音読問題では「ネイティブらしさ」ではなく、「どれだけ効果的にメッセージを伝える読み方ができているか」を評価します。もちろん日ごろからネイティブスピーカーをお手本に練習したり、正しい発音を学習することは強力にお勧めします。しかしテスト本番は気負わず、今の自分にできるベストな音読で堂々と勝負してください。

Q2 読めない単語が出てきたときの対処法は?

A 迷わず、思ったように堂々と読むことです。本番では「どの読み方が正しいのか」と考えすぎず、自分が思ったとおりの読み方でキメてください。何度も言い直したり、自信なさげに読むことは避けましょう。発音ミスそのものではなく、**言い直しや不明瞭な発音で減点される**可能性があります。

Q3 焦って早口になってしまいます。ゆったり読むコツは?

A まず自分の音読を録音したものを聞きましょう。せわしなく、急いでいるように聞こえたら、改善の余地があります。**単語のアクセントと文のイントネーションを意識し、音調（トーン）の上げ下げをゆっくり再現**するつもりで音読してください。全ての単語を同じ強さで読むと、平坦かつ早口に聞こえます。メリハリのついた音読を心がけてください。

Q3-4 写真描写問題

写真描写問題は、画面上のカラー写真を見て45秒準備した後、30秒で写真の内容を説明するタスクだ。写真は屋内または屋外で撮影されたもので、必ず複数の人物が写っており、日常よく目にする行動をしている。解答終了のビープ音が鳴るまで話し続けることが目標だ。

●採点項目：発音／イントネーション・アクセント／文法／語彙／一貫性

採点スケール	採点ポイント
3	写真の特徴が描写されている。聞き手が理解しづらい場合もあるが、おおむねわかりやすい。適切な語彙・語句と構文を使っており、言いたいことが首尾一貫した形で表現されている。
2	写真と関連はあるものの、意味があいまいな箇所がある。聞き手が理解しづらい箇所がある。語彙・語句や構文が限定されており、全体として意味の理解を妨げることがある。
1	写真と関連はあるものの、聞き手が理解しやすいように話す能力は、非常に限定されている。聞き手はかなり理解に苦労する。適切な語彙・語句や構文を使用する能力が非常に限定されている、または、それにより意味の理解が著しく妨げられてしまう。
0	無解答、もしくは解答の中に英語が含まれていない、またはテストと全く関係ないことを答えている。

目標 全体 ➡ 細部 ➡ 推測・感想 の流れで
4センテンス以上話そう！

サンプル問題にチャレンジ！

まずは例題に挑戦！　録音機器を準備して、どのくらい解答できるか試してみよう。音声ファイル008には**Directions→45秒の準備時間（Begin preparing now.［準備を始めてください］で始まる）→30秒の解答時間（Begin speaking now.［話し始めてください］で始まる）→終了のビープ音**が収録されているので、途中で止めずに解答すること。

 008

Directions: In this section, you will try to give as many details as possible about the picture on your screen. You will be given 45 seconds of preparation time and then 30 seconds to talk about the picture.

（**ディレクション**：このセクションでは、画面に表示された写真をできるだけ詳しく描写します。準備時間は45秒です。その後、30秒で写真について話してください）

アイデアメモ欄

自分の解答を書き取ろう！

録音した自分の声を聞いて、自分の解答を下の空欄に書いてみよう。

··

··

自分の解答を評価しよう！

録音した声と、書き取った解答を基に、下記の項目について評価しよう。

写真描写問題の評価ポイント 120点取得には「4つ以上クリア」を目指そう	OKなら ✔
1. 無言の時間がほぼなかった	☐
2. 4センテンス以上言えた	☐
3. 全体・細部・推測／感想を全て言えた	☐
4. 人物を描写した	☐
5. 全てのセンテンスに主語と動詞があった	☐
6. 同じ単語を3回以上繰り返さなかった	☐
7. 解答だけを聞いて、写真が思い浮かんだ	☐

模範解答を聞いて、自分の解答と比べてみよう。

模範解答と訳

 009

This is a picture of a park scene. In the middle of the picture, I can see some art. In the background, there are many trees. On the left, I can see a man sitting on a chair. He is posing for a painting. A woman in front of a picture is wearing blue jeans. I think it's fall because of the color of the leaves.

(これは公園風景の写真です。写真の中央にはいくつかの芸術作品が見えます。奥にはたくさん木があります。左側に、椅子に座っている男性が見えます。彼は絵に描いてもらうためポーズを取っています。絵の前にいる女性は青いジーンズをはいています。葉の色からして、秋だと思います)

🔊 音声にオーバーラップして英文を読んだり、音読したりして各表現を口から出す練習をしてみよう。

アイデアメモ例

park trees street
fall?
ppl: stand, sit, look at art

♂ draw a pic
♂ on a chair, pose
♀ blue jeans
♀ white jacket

写真描写問題 これだけ！リスト

 必須 【ノートテイキング対象】
● 写真の中にあるもの全て（＝アイデアメモ）

❶ まずは、全体を描写する。
- This is a picture of ［風景や場面］.
- In the foreground / In the background / In the middle of the picture / On the right of the picture / On the left of the picture, I can see ［建物や人物］.

❷ 次に、大きく写っている人物の「動作・服装・持ち物」を説明する。
- The (wo)man is ［動詞］＋ing.
- (S)he is wearing ［色］［服］.
- (S)he is holdingまたはcarrying ［持ち物］.

❸ 写真から合理的に推測できることとその理由を付け足す。
- I think it's ［季節や行事など］ because ［理由］.
- I think people are ［感情や行動の目的など］ because ［理由］.

解答の流れ

S3【45秒】準備 → 【30秒】解答 → S4【45秒】準備 → 【30秒】解答

独学だからこそできるスピーキング練習

スクールに通ったり、個人指導を受けたりする機会がなくても、スピーキング練習は十分可能です。むしろ、独学だからこそできる訓練を抜きにして、発話能力は向上しないと言ってもいいでしょう。

まず、「何も見ずに正確に言える文やフレーズ」を増やします。This is a picture of ... なら、冠詞のaも抜かさず、Thisとpictureを強調して言えるかにこだわり、意味を意識しながら、何度も声に出して練習します。こうやって「フレーズ貯金」が貯まると、言いたいことがさっと出てくるようになります。

次に、「話した内容を録音して振り返る」練習を取り入れましょう。各設問の解答を録音し、話すテンポは適切か、聞き取りづらい箇所はないか、口癖はないか、省エネできる言い回しはないか等を振り返りましょう。改善点を意識して、練習を続けます。

仕上げに、「話した内容を書き起こして改良する」段階に進みます。文字にすることで、発想や思考の流れを再確認し、より効果的に伝えるための言葉がないか吟味できます。初めはPeople are talking.で済ませていても、Women are having a chat on the street.と書き換え、口頭練習することで、表現力が向上します。

もちろん、客観的なフィードバックをもらうことは上達において重要です。同時にこうした自主トレで、スピーキングの底力を上げることも等しく大切です。

写真描写問題　4つのポイント

1 「全体」はこう表現しよう！

風景・場面を描写するセンテンスは1つに決めよう。「最初の一言」を決めておくと、後のスピーチが続けやすくなる。Simple is best!

- This is a picture of _____（風景・場面を表すワード）_____.
- It looks like _____（風景・場面を表すワード）_____.
- In the picture, I can see _____（風景・場面を表すワード）_____.

☞ サンプル問題の模範解答　This is a picture of **a park scene.**

● 風景・場面の表現例 ●			
sidewalk	歩道	meeting room	会議室
path	散歩道	seminar room	セミナールーム
intersection	交差点	grocery store	食料品店
plaza	広場	drugstore	ドラッグストア
parking lot	駐車場	clinic	診察室
pier	埠頭（ふとう）	lounge	ラウンジ
street market	屋外市場	hotel room	ホテルの1室
soccer field	サッカー場	eatery	レストラン

2 「位置の表現」を使おう！

サンプル問題より

In the background（奥には）

On the right of the picture（写真の右には）

On the left of the picture（写真の左には）

In the foreground（手前には）

In the middle of the picture（写真の中央には）

☞ サンプル問題の模範解答　In the middle of the picture, I can see some art.

● 写真内の人・物の位置を表す前置詞 (句) ●		
A / The [ ] is ... There's a / the [ ] ...	next to, by, near	〜の隣に
	in front of	〜の前に
	in back of, behind	〜の後ろに
	across from	〜の向かいに
	over, above	〜の上に
	under	〜の下に

🖋 サンプル問題の模範解答　A woman in front of a picture is wearing blue jeans.

3 人物の「動作・服装・持ち物」の表現はコレ！

- 動作　　The woman is [動詞] + ing
- 服装　　The man is wearing [色] [服].
- 持ち物　He is holding/carrying [持ち物].

● 動作の描写に使う動詞 ●					
bend down	しゃがむ	board	乗り込む	browse	眺める
examine	調べる	gather	集まる	jog	ジョギングする
relax	くつろぐ	rest	休息する	stroll	ぶらつく
ask for directions	道案内を頼む	face each other	向き合う	give directions	道案内をする
have a chat	おしゃべりする	take notes	メモを取る	wait on customers	接客する

🖋 サンプル問題の模範解答　He is posing for a painting.

4 「推測・感想」はこんな発想で！

- 季節　　　　　⇒ 木々の葉の色や人々の服装から推測
- 人々の気持ち ⇒ 表情や行動から推測
- 自分の好み　　⇒ 「自分も〜したい」、「自分も〜が好き」という感想

🖋 サンプル問題の模範解答 I think it's fall because of the color of the leaves.

● 推測・感想の表現例 ●
I think it's [季節] because people are wearing [服装].
I think people are [行為] because I can see [物] in the picture.
I like [行為] myself, and I wish I could be enjoying it, too.

Step 1

1.～8.の文の下線部に入る選択肢を選んで、写真の描写を完成させよう。制限時間内に選択肢に○を付けながら、全文を声に出して解答すること！ もちろん解答は録音しよう。

【 ⏱ 制限時間60秒】

1. 全景	This is a picture of _____. (A) a park (B) a busy street (C) a station
2. 手前	In the foreground, I can see _____. (A) some travelers (B) a shopping cart (C) several cars
3. 奥	In the background, I can see _____. (A) some chairs and tables (B) a train (C) a bridge
4. 人物	There are _____ in the picture. (A) some children (B) many people (C) construction workers
5. 動作	The woman in the foreground is _____. (A) walking with her baggage (B) jogging in the park
6. 服装	She is wearing _____. (A) a blue shirt and yellow pants (B) a white top with red stripes
7. 持ち物	The man on the right is carrying _____. (A) some bags and a suitcase (B) some books and magazines
8. 推測	I think it is a busy station because I can see many _____. (A) students (B) vendors (C) passengers

Step 2

● REC

1.〜8.の文の下線部を埋めて、【A】と【B】の写真の描写を完成させよう。解答は書かずに、全文を声に出して解答すること！　必ず録音しよう。　【✓制限時間各60秒】

【A】

1. 全景	This is a picture of _____.
2. 手前	In the foreground, I can see _____.
3. 奥	In the background, I can see _____.
4. 人物	There are _____ in the picture.
5. 動作	A man and a woman are _____.
6. 服装	The man is wearing _____. The woman is wearing _____.
7. 持ち物	省略
8. 推測	I think it is _____.

📝 録音した音声を聞きながら、p. 44の解答を参照しよう

【B】

1. 全景	This is a picture of _____.
2. 手前	In the foreground, I can see _____.
3. 奥	In the background, I can see _____.
4. 人物	There are _____ in the picture.
5. 動作	The man in the middle is _____.
6. 服装	He is wearing _____.
7. 持ち物	The man on the right is holding _____.
8. 推測	I think it is fall because _____.

録音した音声を聞きながら、下の解答例を参照しよう。

解答・解答例

Step 1  010

1. (C) **2.** (A) **3.** (B) **4.** (B) **5.** (A) **6.** (B) **7.** (A) **8.** (C)

Step 2  011-012

【A】 **1.** a lounge **2.** a sofa **3.** some chairs and tables **4.** several people
5. sitting at a table **6.** a blue T-shirt / a sleeveless dress **7.** (省略)
8. a comfortable lounge because the ceiling is high and the interior is nice
【B】 **1.** a live performance **2.** a bird **3.** a lake and some trees **4.** several
people **5.** standing behind a microphone **6.** a red and black hat
7. a guitar **8.** the leaves on the trees are changing color.

Practice

REC

最後に4つの練習問題に挑戦しよう。問題ごとに**音声を使って**、制限時間を計ること（4問とも音声ファイル013の音声を使用）。自分の解答は**必ず録音**しよう。

模範解答と訳はp. 49参照

 013

Directions: In this section, you will try to give as many details as possible about the picture on your screen. You will be given 45 seconds of preparation time and then 30 seconds to talk about the picture.

【Q1】

【Q2】

©123RF.com

【Q3】

【Q4】

自分の解答を書き取ろう！

録音した自分の解答を下欄に書こう。模範解答も音声を聞いて書き取ってみよう。

Q1 自分の解答

模範解答  014

Q2 自分の解答

模範解答 015

Q3 自分の解答

模範解答 016

Q4 自分の解答

模範解答  017

自分の解答を評価しよう！

録音した声と、書き取った解答を基に、下記の項目について評価しよう。

写真描写問題の評価ポイント 120点取得には「4つ以上クリア」を目指そう	OKなら ✔ Q1	OKなら ✔ Q2	OKなら ✔ Q3	OKなら ✔ Q4
1. 無言の時間がほぼなかった	☐	☐	☐	☐
2. 4センテンス以上言えた	☐	☐	☐	☐
3. 全体・細部・推測／感想を全て言えた	☐	☐	☐	☐
4. 人物を描写した	☐	☐	☐	☐
5. 全てのセンテンスに主語と動詞があった	☐	☐	☐	☐
6. 同じ単語を3回以上繰り返さなかった	☐	☐	☐	☐
7. 解答だけを聞いて、写真が思い浮かんだ	☐	☐	☐	☐

Practiceの模範解答と訳・解説

Q1　(DL) 014

【全景】This is a picture of a meeting room.【手前】In the foreground, I can see a table.【奥】In the background, I can see large windows.【人物】Four people are having a business meeting.【動作】A woman in the middle is standing and the other three people are seated.【服装】All of them are dressed professionally.【推測】I think they are having a productive discussion.

(これは会議室の写真です。手前にテーブルが見えます。奥には大きな窓が見えます。4人の人物が仕事の会議をしています。中央の女性は立っていて、他の3人は座っています。全ての人は仕事向けの服装をしています。彼らは実りある話し合いをしているように思われます)

解説　男女2人ずつ4人のビジネスパーソンが会議室で話し合っている写真。出だしをThis is a picture of ... に決めておくと、一言目が楽に出せるはずだ。人物の描写は「数・動作・服装」と順番を決めておくと、言い残しが防げる。

Q2 (DL) 015

【全景】This is a picture of an outdoor scene. 【手前】In the background, I can see the beach and a building. 【人物】There are many people in the picture. 【動作】The man in the middle is jogging. 【服装】He is wearing a black top with some light green areas on it and black leggings. 【推測】I think people are spending their free time by the sea on a sunny weekend.

(これは屋外の場面の写真です。奥には海岸と建物が見えます。写真にはたくさんの人が写っています。中央の男性はジョギングをしています。彼は、部分的に明るい緑色をした黒いトップスと、黒いレギンスを身に着けています。人々が天気のいい週末に海沿いで自由な時間を過ごしているのだと思います)

解説 海岸の近くで人々が時を過ごしている。屋外写真の場合、まずは場所を特定せずan outdoor sceneとし、その後で、写真の中にあるものを順に描写してもOK。トップス（top）、レギンス（leggings）など服装に関する単語も使いこなそう。

Q3 (DL) 016

【全景】This is a picture of some kind of a party. 【手前】In the foreground, I can see some food and a drink can on the table. 【人物】There are several adults and young children in the picture. 【動作】The boy on the left is writing something with a pen. 【服装】He is wearing a red jacket. 【推測】I think he is about 7 years old.

(これは何かの集まりの写真です。手前にはテーブルの上に食べ物と飲み物の缶が見えます。写真には大人と小さな子どもが数人います。左側の男の子はペンで何か書いています。彼は赤い上着を着ています。7歳ぐらいだろうと思います)

解説 複数の大人と子どもがテーブルに集まっている写真。情景描写に自信がなければ、模範解答にあるようにsome kind of ...（〜か何か）とあいまいさを残してもいい。最後の推測は男の子の年齢に関してだが（I think he is about 7 years old.）、これ以外にI suppose he likes writing because he looks focused.（彼は集中しているようなので、書くことが好きなのだと思う）なども可能。正誤は気にせず、自分が思ったように表現しよう。

Q4 (DL) 017

【全景】This is a picture of a street scene. 【手前】In the foreground, I can see a stone bench. 【奥】In the background, I can see some stores, flowers, and signs. 【人物】・【動作】A woman is sitting on a bench, and there is a dog in front of her. 【服装】She is wearing blue jeans and dark-colored boots. 【推測】I think it's a weekday because the shopping area does not look so busy.

（これは路上の風景の写真です。手前には石のベンチが見えます。奥には何軒かの店と花、看板が見えます。女性がベンチに座っていて、彼女の前には犬が1匹います。彼女は青いジーンズと濃い色のブーツを履いています。ショッピングエリアがあまり混雑していないようなので、平日ではないかと思います）

Q3-4 写真描写問題

解説 路上の1シーンで、手前に犬を連れた女性が座っている。「路上の風景」はa street sceneでOK。【奥】の描写に、音読問題で練習した並列構造がある（some stores, flowers, and signs）。ここはイントネーション（↗ ↗ and ↘）をしっかりキメたい。「犬がいる」はシンプルにthere is ... で表現できる。今回の推測は全景に関するもの（＝平日のようだ）だが、人出の多さ・少なさ、人々の服装、木々の色づきなどからも時間帯や季節を推測できる。

📢 模範解答の音声にオーバーラップして英文を読んだり、音読したりしてみよう。

👁 Practiceのノートテイキングのメモ例はp. 211を参照。

加点ポイントはこれ！

① 30秒で50語以上話す

30秒で50語以上話せたら、120点超えはほぼ確実（解答例は50〜65語）。またスピーキングテストでは無言は「大罪」なので、Well, So, などを使って「音の空白を埋める」ことを心がけよう。

② 主語にバリエーションがある

写真描写問題では文法も採点項目に入っている。いつもI (can see) やThe man/woman (is ...) と同じ主語で話し始めるのではなく、He/She/People とバリエーションをもたせたり、There is/are構文を使ったりしよう。

③ 修飾語を使いこなしている

サンプル問題の解答例にあるA woman in front of a pictureをA woman **with long hair** in front of a picture としたり、(In the middle of the picture,) I can see some art.を I can see some **nice art on display**. としたりするなど、形容詞や前置詞句を使って名詞を修飾すると、採点項目の1つである語彙力のアピールになる。

● お役立ち表現集 ●

海辺・港	parasol (日傘), seagull (カモメ), bather (海水浴客), buoy (ブイ), vessel (船), quay (波止場), railing (手すり), horizon (水平線)
レストラン	condiment (調味料), server (給仕をする人), diner (食堂), cutlery (食器類)
会議室	white board(ホワイトボード), glass of water(1杯の水), suit(スーツ), note(メモ), projector(プロジェクター), microphone(マイク), slide(スライド), graph(グラフ), data (データ), speaker (話し手), listener (聞き手)
通り	pedestrian (歩行者), vehicle (車両), traffic light (信号), bus stop (停留所), curb (縁石), crossing (横断歩道)
店舗	merchandise (商品), shelf (棚), customer (客), cash register (レジ), aisle (列), entrance (入り口), window display (ウインドー)
公園	play equipment (遊具), slide (すべり台), climbing frame (ジャングルジム), see-saw (シーソー), fountain (噴水), grass (草), jogger (ジョギング走者), fitness enthusiast (フィットネス愛好家), food vendor (食品販売の屋台), live performance (大道芸)
駅	track (線路), passenger (乗客), backpack (リュックサック), station staff (駅員), departure board (行き先案内板)
ホテル	lobby (ロビー), receptionist (受付係), guest (宿泊客), refrigerator (冷蔵庫), lamp (スタンドライト), sofa (ソファ), armchair (肘かけ椅子)

??? ここが知りたい!! Q&A

Q1 正確でなくても言える単語を使って描写していい？
（運動場⇒公園のように）

A 「自分が言える単語で言う」— まさにこれはスピーキングの大原則です！　そのものズバリを指す単語が出てこないときは、**その単語が入る「グループを表す単語」**に置き換えたり（例：muffins〈マフィン〉⇒ baked items〈オーブンで焼いた物〉）、**「複数の単語」で言い換えたり**（例：<u>water</u> the plant〈植木に水をやる〉⇒ <u>take care of</u> the plant〈植木の手入れをする〉）しましょう。運動場 (playground, athletic field) ⇒公園 (park) もアリです。

Q2 描写の順番に意味はある？　より高スコアになる描写は何？

A 描写の順番に決まりはありません。ただ、描写の順番を決めておくと（例：全体 → 人の描写 → 細部）、ネタ切れや言い残しが起こりにくい利点はあります。「より高スコアにつながる描写」にパターンはありませんが、**形容詞・副詞・分詞構文**をうまく使えば、加点が期待できます。ひととおり描写が終わっても解答時間が残っていたら、写真に対する**自分の意見や推測**を入れるといいでしょう。

Q3 言い直しはしたほうがいい？（主語と動詞の形の不一致など）

A 「**言い直しはできれば避けたほうがいい**」というのが著者の意見です。限られた解答時間を言い直しに使ってしまうのはもったいないですし、よどみなく話し続けると、流暢（りゅうちょう）さのアピールになります。どのセクションにも言えることですが、**意味の理解を妨げない些細な文法ミスは減点対象にはなりません**。練習段階では納得いくまで言い直しをして正しい表現を定着させ、本番では「言い直し禁止」を自分に課してください。

Q5-7 応答問題

応答問題は、身近な問題について電話で話すという設定で、3つの質問に答えるタスクだ。質問は音声で流れ、パソコン画面にも表示されるので安心だが、**準備時間は3秒しかないので、聞かれた質問に即答する「反射神経」が問われる。**誰かと会話しているような自然な応答が理想だ。

●採点項目：	発音／イントネーション・アクセント／文法／語彙／一貫性／内容の妥当性／内容の完成度
採点スケール	**採点ポイント**
3	解答は質問に対して十分で、関連性があり、社会的にも適切な応答ができている。聞き手はすんなりと理解できる。適切な語彙・語句を使っている。課題に合った構文を使って答えている。
2	質問に対してはある程度適切に答えているが、完全ではなく、適切でない部分もある。聞き手が理解しづらい箇所があるが、おおむね理解できる。全体的な意味ははっきりしているものの、語彙・語句が限定されていたり、やや適切でない場合がある。構文の使用が不適切なため、聞き手が理解するために多少の努力を要する。提示された情報に基づく課題に関しては、資料や文書から関連した情報を見つけることができるが、それらを関連のない情報と区別したり、聞き手が理解しやすいように言い換えることはできない。
1	質問に対して十分に答えていない。関連する情報が十分に伝わっていない。聞き手は理解するのにかなり苦労する。語彙・語句が不正確であったり、設問と同じ内容を繰り返す。構文の使用が不適切なため、意味の理解が妨げられてしまう。
0	無解答、もしくは解答の中に英語が含まれていない。またはテストと全く関係ないことを答えている。

目標！ Q5とQ6は2文、Q7は5文、フルセンテンスでテンポ良く！

サンプル問題にチャレンジ！

まずは例題に挑戦！　どのくらい解答できるか試してみよう。ディレクションの後、3つの質問に順番に答える。音声のBegin preparing now.で準備し、Begin speaking now.に続いて答えよう。**解答は必ず録音すること！**

 018

Directions: In this section, you will respond to three questions. You will be given 3 seconds to prepare after you hear each question. You will be given 15 seconds to answer Questions 5 and 6 but 30 seconds to answer Question 7.

（**ディレクション**：このセクションでは3つの質問に答えます。各設問の準備時間は3秒です。解答時間は、Question 5と6が15秒、Question 7が30秒です）

（質問は音声で流れ、パソコン画面にも順番に表示される）

Imagine that a Canadian marketing firm is doing research in your country. You have agreed to participate in a telephone interview about your daily diet.

Question 5: How often do you skip breakfast?

Question 6: What time do you usually eat dinner?

Question 7: Do you have a healthier diet than in the past? Why or why not?

自分の解答を書き取ろう！

録音した自分の声を聞いて、自分の解答を下の空欄に書いてみよう。

Q5

Q6

Q7

自分の解答を評価しよう！

録音した声と、書き取った解答を基に、下記の項目について評価しよう。

応答問題の評価ポイント 120点取得には「4つ以上クリア」を目指そう	OKなら ✔
1. 質問の内容をすぐ理解できた	☐
2. 無言の時間がほぼなかった	☐
3. ビープ音の後、間を置かずに話し始めた	☐
4. 自然なテンポとスピードで話せた	☐
5. Q5とQ6は2センテンス以上言えた	☐
6. Q7は5センテンス前後言えた	☐
7. Q7は意見と理由や具体例を言えた	☐

模範解答を聞いて、自分の解答と比べてみよう。

スクリプトと模範解答・訳

 019

あなたの国でカナダのマーケティング会社が調査をしていると考えてください。あなたは自分の日ごろの食事について、電話インタビューに応じることにしました。

Q5. How often do you skip breakfast?
I never skip breakfast because I am always hungry when I wake up.

Q6. What time do you usually eat dinner?
I usually eat dinner at 6 p.m.

Q7. Do you have a healthier diet than in the past? Why or why not?
Yes, I do. When I was a child, I ate a lot of candy bars and I did not like vegetables. Now, I eat more fruits and vegetables. I like carrots, cabbage, and bananas. Vegetables are very healthy.

Q5. 朝食を抜くことはどのくらいありますか。
起きたときはいつも空腹なので、朝食は絶対に抜かしません。

Q6. 夕食は通常何時に食べますか。
通常は午後6時に夕食を食べます。

Q7. 前よりも健康的な食事をしていますか。なぜしていますか、なぜしませんか。
はい、しています。子どものころはチョコバーをたくさん食べ、野菜嫌いでした。今はもっと果物と野菜を食べています。ニンジン、キャベツ、バナナが好きです。野菜はとても健康的です。

🔊 音声にオーバーラップして英文を読んだり、音読したりしてみよう。

応答問題 これだけ！リスト

 【ノートテイキング対象】
●特になし（質問内容は画面上の文字で確認できる）

❶ 質問は音声と画面（文字）の両方で確認する。

❷ 応答はフルセンテンスでなくてもよい。解答時間内に話し終わらなくても気にしない。

❸ Q5とQ6は画面に出る質問文を再利用して省エネに！
例） Q: How often do you skip breakfast?
A: I skip breakfast almost every day. This morning ...

❹ Q7の質問はタイプ別に応答パターンを決めておく。
● 自由回答タイプ
例） I think ［意見］ because ［理由や具体例］.
● A or Bタイプ
例） I prefer ［選択肢］ because ［理由や具体例］.
［選択肢］ is more important because ［理由や具体例］.
● 3択タイプ
例） ［選択肢］ is the most important because ［理由や具体例］.
I would choose ［選択肢］ because ［理由や具体例］.

解答の流れ

S5【3秒】準備 → 【15秒】解答 → S6【3秒】準備 → 【15秒】解答 → S7【3秒】準備 → 【30秒】解答

応答問題　3つのポイント

1 質問されたらすぐに返すクイックレスポンス

気の利いた応答をしようと考えすぎて黙ってしまうのはご法度。**フルセンテンスでなくフレーズでもいいので、何か返そう。**以下のような応答で時間稼ぎしながら、答えを考えるといいだろう。

● クイックレスポンスに使える応答例 ●			
Well, ...	そうですねぇ	I don't think so.	そうは思いません
I agree.	賛成です	Actually, ...	実はですね
I think so.	そう思います	I'd say ...	…だと思います

2 画面に出るQ5とQ6の質問文は再利用して「省エネ」

「あなたが ★★する のは何時ですか」という質問に「私が ★★する のは午後8時ごろです」と応答するのは自然だ。その後、具体例や経験を1つ話せばいい。

- **Q:** How often do you work out ?
  A: I work out almost every day. Yesterday, ...

  Q: あなたはどのくらいの頻度で運動しますか。
  A: ほぼ毎日運動しています。昨日は…

- **Q:** Do you think you have a good sleeping habit ?
  A: I think I have a good/bad sleeping habit . For instance, ...

  Q: あなたは自分がうまく睡眠を取っていると思いますか。
  A: うまく/不適当な 睡眠を取っていると思います。例えば…

- **Q:** What is your favorite city in your country ?
  A: My favorite city in **my** country is Kumamoto. Last year, ...

  Q: 自分の国の中で好きな都市はどこですか。
  A: 自分の国の中で好きな都市は熊本です。昨年は…

3　Q7は大きく分けて３タイプ。解答の「型」を作ろう

● 自由回答タイプ

　Qの例: Describe your favorite place to visit with your friends.
　　　　（友人と訪ねるお気に入りの場所を描写しなさい）
　I think it's [意見]. It's because [理由・具体例・経験談].

● Yes or No やA or Bの２択式タイプ

　Qの例: Do you prefer to travel alone or with your friends? Why?
　　　　（一人旅と友人との旅のどちらが好きですか。なぜですか）
　I prefer A / I think A is more [意見] / I agree with the statement
　that [意見]. It is because [理由・具体例・経験談]...

● ３択式タイプ

　Qの例: When you choose a movie to watch, which of the
　　　　following is the most important?
　　　　・Director
　　　　・Actor
　　　　・Genre
　　　　（見る映画を選ぶ際に、最も重要なのは以下のどれですか：
　　　　監督、俳優、ジャンル）
　For me, [意見] is the most important. It is because [理由・具体例・
　経験談]...

Q5-7 応答問題

● 意見に使える応答例 ●	
好み1	My favorite [種類] is [自分の好み].
好み2	I like/prefer [好きな行為を表す名詞や動名詞、to不定詞].
習慣	I usually [習慣を表す動詞].
長所／短所	One advantage/disadvantage is that [主語＋述語].
可能性1	You can [行為を表す動詞].
可能性2	If you [条件], you will [結果].
可能性3	The best way to [目標] is to [行為を表す動詞].
評価する	I think it is [形容詞]. 例：important, necessary, effective
理由1	It's because [主語＋述語].
理由2	I say this because [主語＋述語].

Step 1 クイックレスポンス10連打！

初めに**Q5**に出題されるタイプの質問に、3秒の準備時間なしでテンポ良く答えていこう。音声には質問→ビープ音→ポーズ（空白時間）が収録されているので、ポーズで応答する。**途中で音声を止めずに10問連続で解答**すること。解答は全て録音して、後で質問の下の空欄に書き取る。その後、模範解答の音声も書き取り、自分の解答と比べてみよう。

訳と模範解答はp. 64参照

DL 020

1. How many e-mails do you send a day?

解答_____

模範_____

2. Who is/was your best teacher in high school?

解答_____

模範_____

3. How often do you eat fast food?

解答_____

模範_____

4. Where do you usually buy books?

解答_____

模範_____

5. How long does it take you to go to school or work?

解答_____

模範_____

6. Is there a sports gym in your area or near your office?

解答_____

模範_____

7. When do you usually eat dinner?

解答_____

模範_____

8. Are you taking a vacation soon?

解答_____

模範_____

9. Do people in your neighborhood carpool?

解答_____

模範_____

10. What kind of sports do you enjoy watching on television?

解答_____

模範_____

DL) 021 の模範解答を聞いて、【模範】の欄に書き取ろう。

Step 2 続いてQ6とQ7の質問に答える！ ● REC

今度は**Q5**から**Q7**まで連続して解答してみよう。**Q5**はStep 1で出てきた問題なので、**Q6**と**Q7**に重点を置いて挑戦。解答は全て録音して、後で質問の下の空欄に書き取る。その後、模範解答の音声も書き取り、自分の解答と比べてみよう。

訳と模範解答はp. 65参照

Set 1 (DL) 022

Q5: How many e-mails do you send a day?

Q6: Do you read e-mails on a computer or on other devices?

解答＿＿＿＿＿＿＿＿＿＿＿＿＿＿＿＿＿＿＿＿＿＿＿＿＿＿＿＿

模範＿＿＿＿＿＿＿＿＿＿＿＿＿＿＿＿＿＿＿＿＿＿＿＿＿＿＿＿

Q7: What is an advantage of communicating with people using e-mail?

解答＿＿＿＿＿＿＿＿＿＿＿＿＿＿＿＿＿＿＿＿＿＿＿＿＿＿＿＿

＿＿＿＿＿＿＿＿＿＿＿＿＿＿＿＿＿＿＿＿＿＿＿＿＿＿＿＿＿＿

＿＿＿＿＿＿＿＿＿＿＿＿＿＿＿＿＿＿＿＿＿＿＿＿＿＿＿＿＿＿

模範＿＿＿＿＿＿＿＿＿＿＿＿＿＿＿＿＿＿＿＿＿＿＿＿＿＿＿＿

＿＿＿＿＿＿＿＿＿＿＿＿＿＿＿＿＿＿＿＿＿＿＿＿＿＿＿＿＿＿

＿＿＿＿＿＿＿＿＿＿＿＿＿＿＿＿＿＿＿＿＿＿＿＿＿＿＿＿＿＿

Set 2 (DL) 023

Q5: Where do you usually buy books?

Q6: When did you buy a book last and where?

解答＿＿＿＿＿＿＿＿＿＿＿＿＿＿＿＿＿＿＿＿＿＿＿＿＿＿＿＿

模範＿＿＿＿＿＿＿＿＿＿＿＿＿＿＿＿＿＿＿＿＿＿＿＿＿＿＿＿

Q7: Which of the following is the most important for you in choosing where to buy a book?
- Store location
- Business hours
- Customer service

解答_____
_____
_____
模範_____
_____
_____

Set 3 (DL) 024

Q5: Is there a sports gym in your area or near your office?

Q6: Do you prefer to work out in a sports gym or to play sports?

解答_____
模範_____

Q7: What is the best way to exercise regularly?

解答_____
_____
_____
模範_____
_____
_____

Set 4 (DL) 025

Q5: What kind of sports do you enjoy watching on television?

Q6: Do you prefer to watch sports in person or on television?

解答_____
模範_____

Q7: Do you think your favorite sport will become more popular in the future than it is now?

【学習ラウンド】

解答_____

_____

_____

模範_____

_____

_____

 026-029 の模範解答を聞いて、【模範】の欄に書き取ろう。

訳と模範解答・解説

Step 1
● 質問の訳 ●
1. あなたは1日何通メールを送りますか。
2. あなたにとって高校で一番の先生は誰ですか／誰でしたか。
3. どのくらいの頻度でファストフードを食べますか。
4. いつもはどこで本を買いますか。
5. 学校や会社に通うのにどのくらいかかりますか。
6. 近所や会社のそばにスポーツジムはありますか。
7. 夕食は通常いつ食べますか。
8. もうすぐ休暇を取る予定ですか。
9. あなたの近所の人は自動車の相乗りをしますか。
10. あなたはどんな種類のスポーツをテレビで見るのが好きですか。

● 模範解答のスクリプトと訳 ● 021

1. I usually send about 10 e-mails. I sometimes send text messages from my mobile phone.
2. My best teacher was Ms. Fukuda. I took her English class.
3. I order a pizza delivery almost every week. It's expensive but convenient.
4. I often go to a bookstore near my office. I sometimes buy books online.
5. It takes about one hour by train. Morning trains are crowded. I hate them.
6. There are several. They are open late, but they're too expensive for me.
7. I eat dinner at 8 o'clock. When I work overtime, I dine out at a local restaurant.
8. Unfortunately, no. I took my summer vacation just last month.
9. They almost never carpool. Carpooling is not common in my country.
10. I like watching marathons. I'm a jogger, so I can learn things from marathon runners.

1. 私はたいてい10通くらいメールを出します。携帯からテキストメッセージを送るときもあります。
2. 私にとって最高の教師は福田先生でした。私は彼女の英語の授業を受けていました。
3. 私はほとんど毎週ピザの配達を頼みます。高いですが、便利です。
4. 私はよく会社のそばの書店に行きます。オンラインで本を買うこともあります。
5. 電車で1時間はどかかります。朝の電車は混んでいます。嫌いです。
6. いくつかあります。遅くまで開いていますが、私には高すぎます。
7. 私は8時に夕食を食べます。残業したときは、地元のレストランで外食します。
8. 残念ながら取る予定はありません。ちょうど先月夏期休暇を取ったので。
9. 彼らはまず自動車の乗り合いはしません。私の国では乗り合いが一般的でないのです。
10. 私はマラソンを見るのが好きです。私はジョギングをするので、マラソン選手から学ぶことがあるのです。

解説 基本的な応答スタイルは、「質問文の一部を再利用 ＋ 自分の情報」。実際のテストでは画面に質問が表示されるので、画面を見ながら質問文のコア部分（例：1. How many e-mails do you send a day?）を繰り返して（例：I usually send ... e-mails.）に、自分の情報（... about 10 ...）を足そう。質問に対する反応速度を高めるには、質問と解答のセットの音読練習がお勧め。意味をイメージしながらできるだけ速く読み上げよう。

Step 2
[Set 1] (DL) 026

Q5: あなたは1日何通メールを送りますか。
Q6: あなたはメールをパソコンで読みますか、その他の機器で読みますか。
Q7: メールで人々とコミュニケーションすることの利点は何ですか。

A5: I usually send about 10 e-mails. I sometimes send text messages from my mobile phone.

A6: If I am at work, I read my e-mails on my computer. However, if I am not at work, I read them on my smartphone.

A7: 【意見】I think one advantage is that we can quietly contact a person anytime.【理由】E-mails can be read on a train or in a meeting. Unlike the telephone or fax, you don't have to worry about annoying a recipient. The recipient can choose when to check his or her e-mail.【経験談】For example, I sometimes send my work e-mails late at night or early morning without worrying if it's rude or annoying.

A5: 私はたいてい10通くらいメールを出します。携帯からテキストメッセージを送るときもあります。
A6: 職場では自分のパソコンでメールを読みますが、職場にいない場合はスマホで読みます。
A7: 利点の1つは、いつでも静かに人に連絡できることだと思います。メールは電車の中でも会議中でも読めます。電話やファクスと違って、受取人を悩ませる心配がありません。受取人はメールをいつチェックするか選択できます。例えば、私は非礼や迷惑を心配することなく、仕事のメールを深夜や早朝に送ることがあります。

解説 e-mailに関する質問。Q6では職場とそれ以外とに分けて答えているが、どちらか1つを言えば解答としては成立する。Q7の「意見 → 理由 → 具体例（＝経験談）」の流れを確認してほしい。模範解答の【理由】は3文あるが、1、2文でも意見を論理的に説明する内容になっていれば問題ない。

【 Set 2 】 027

Q5: いつもはどこで本を買いますか。

Q6: 最近いつ、どこで、本を買いましたか。

Q7: 本を買う場所を選ぶ際、あなたが最も重視するのは以下のどれですか。

　　　・店の場所　・営業時間　・顧客サービス

A5: I often go to a bookstore near my office. I sometimes buy books online.

A6: I bought a novel a few days ago at a bookstore near my office. I usually go there during my lunchtime.

A7: 【意見】I think that business hours are the most important. 【理由・具体例】I can only go to bookstores late in the evening because I usually finish work at 8 p.m., so I often go to a bookstore that's open until 10 p.m. Online bookstores are even better. They are open 24/7. When I want to buy a book, I usually order it online.

A5: 私はよく会社のそばの書店に行きます。オンラインで本を買うこともあります。

A6: 私は会社のそばの書店で数日前に小説を買いました。たいてい昼食のときにそこに行きます。

A7: 営業時間が一番重要だと思います。私は通常午後8時に仕事を終えるので、夜遅くにしか書店に行けないのです。ですから午後10時まで開いている書店によく行きます。オンライン書店はさらにいいです。年中無休24時間営業ですから。本が欲しいときは、たいていオンラインで注文します。

解説　書籍の購入に関する質問。Q6では、「数日前に会社のそばの書店で小説を買った」と具体例（＝経験談）を先に述べ、その後で「書店に行くのはたいてい昼休みだ」と、いつもの行動パターンにふれている。このような展開もOK。Q7では、意見と理由に加え、自分の生活パターンを具体例として述べている。時刻（例：10 p.m.）を入れると、解答内容にリアリティーが出て、自分でも話しやすくなるはずだ。

【 Set 3 】 028

Q5: 近所や会社のそばにスポーツジムはありますか。

Q6: あなたはジムで運動するのと、スポーツをするのでは、どちらが好きですか。

Q7: 定期的に運動するのに最適な方法は何ですか。

A5: There are several. They are open late, but they're too expensive for me.

A6: I prefer to work out in a gym. That's because I can exercise regardless of the weather.

A7: 【意見】I think one way is to sign up for a local sports club. 【理由】Once you start paying a monthly fee, you'll be motivated to keep going there to work out. 【具体例】In fact, my friend hated exercise, but he needed to work out to lose weight. He signed up for a sports gym and lost 10 kilograms in six months. It was amazing.

A5: いくつかあります。遅くまで開いていますが、私には高すぎます。

A6: 私はジムで運動するほうが好きです。天候に関係なく運動できるからです。

A7: 1つの方法は、地元のスポーツクラブに申し込むことです。一度月会費を払い始めたら、運動のためそこに通い続

ける気になるでしょう。実際、私の友人は運動嫌いでしたが、減量のため運動をする必要がありました。彼はスポーツクラブに申し込んで、6カ月で10キロ落としました。素晴らしいことです。

解説 運動に関する質問で、Q6はA or Bで聞かれる選択疑問文。どちらでもないときは正直に、I don't like working out in the gym or playing sports.（運動・スポーツとも好きではない）と答えてもいい。その後、But I know I need to exercise.（でも運動が必要だとは思っています）と続ければ、自然な応答になる。Q7では、友人の経験を具体例に挙げている。自分になじみのないことを聞かれたときに使える手法だ。

[Set 4] (DL) 029

Q5: あなたはどんな種類のスポーツをテレビで見るのが好きですか。
Q6: あなたはスポーツを実際に見るのと、テレビで見るのとでは、どちらが好きですか。
Q7: あなたは自分の好きなスポーツが将来、今よりも人気が出ると思いますか。

A5: I like watching marathons. I'm a jogger, so I can learn things from marathon runners.

A6: Usually, I watch sports on TV. I'm too busy to go watch them.

A7: 【意見】I think so. Marathon racing is my favorite sport and is already popular in my country. I guess it's getting even more popular.【理由・具体例】 People in my country are health conscious. They're getting more and more interested in exercise, such as jogging. I think the more people start jogging, the more popular marathon races will become.

A5: 私はマラソンを見るのが好きです。私はジョギングをするので、マラソン選手から学ぶことがあるのです。
A6: 私はたいていスポーツはテレビで見ます。見に行くには多忙すぎるのです。
A7: そう思います。私が好きなスポーツはマラソン競技で、私の国ではすでに人気があります。それがさらに人気が出るのではないでしょうか。私の国の人々は健康志向です。ジョギングのような運動への関心が高まっています。多くの人がジョギングを始めれば始めるほど、マラソン競技もより人気が出るでしょう。

解説 スポーツ鑑賞に関する質問。Q6では「テレビ観戦」を選んでから、その理由を述べている。質問に対してYes/Noで答えたり、二択から答えを選ぶだけでなく、追加情報を足すと加点が狙える。Q7では、自分の好きなスポーツが何か（例：マラソン）を早い段階で述べたほうが、そこから話を展開しやすい。最後の文にある「the 比較級1＋主語＋述語, the 比較級2＋主語＋述語」（1であればあるほど、2である）は便利な構文。

Practice

最後に4セットの練習問題に挑戦しよう。各セットの音声は、**途中で止めずに解答する**こと。自分の解答は**必ず録音**しよう。

📖 訳と模範解答はp. 72参照

Directions: In this section, you will respond to three questions. You will be given 3 seconds to prepare after you hear each question. You will be given 15 seconds to answer Questions 5 and 6 but 30 seconds to answer Question 7.

Set 1 DL 030

Imagine that a U.S. marketing firm is doing research in your country. You have agreed to participate in a telephone interview about your morning routine.

Question 5: What time do you usually wake up in the morning?

Question 6: Do you usually get out of bed as soon as you hear your alarm clock?

Question 7: What do you usually do in the mornings before you go to school or work?

Set 2 DL 031

Imagine that a British marketing firm is doing research in your country. You have agreed to participate in a telephone interview about riding trains.

Question 5: How often do you ride a train?

Question 6: What do you usually do when riding on a train?

Question 7: What do you think about the train service in your country?

Set 3 032

Imagine that a Canadian marketing firm is doing research in your country. You have agreed to participate in a telephone interview about weather and seasons.

Question 5: Where do you like to go if the weather is sunny?

Question 6: How do you protect yourself from the sun?

Question 7: What is your favorite season and why?

Q
5
-
7
応
答
問
題

Set 4 033

Imagine that an Australian marketing firm is doing research in your country. You have agreed to participate in a telephone interview about dry cleaning services.

Question 5: How often do you take items to a dry cleaning store?

Question 6: What kind of items do you usually have dry-cleaned?

Question 7: Are you satisfied with the service at your local dry cleaning store? Why or why not?

自分の解答を書き取ろう！

録音した自分の解答を下欄に書こう。模範解答も音声を聞いて書き取ってみよう。

Set 1

Q5

Q6

Q7

模範解答 （DL） 034

Q5

Q6

Q7

Set 2

Q5

Q6

Q7

模範解答 （DL） 035

Q5

Q6

Q7

Set 3

Q5

Q6

Q7

模範解答 036

Q5

Q6

Q7

Set 4

Q5

Q6

Q7

模範解答 037

Q5

Q6

Q7

【学習ラウンド】

自分の解答を評価しよう！

録音した声と、書き取った解答を基に、下記の項目について評価しよう。

応答問題の評価ポイント 120点取得には「4つ以上クリア」を目指そう	OKなら ✓ Set 1	OKなら ✓ Set 2	OKなら ✓ Set 3	OKなら ✓ Set 4
1. 質問の内容をすぐ理解できた	☐	☐	☐	☐
2. 無言の時間がほぼなかった	☐	☐	☐	☐
3. ビープ音の後、間を置かずに話し始めた	☐	☐	☐	☐
4. 自然なテンポとスピードで話せた	☐	☐	☐	☐
5. Q5とQ6は2センテンス以上言えた	☐	☐	☐	☐
6. Q7は5センテンス前後言えた	☐	☐	☐	☐
7. Q7は意見と理由や具体例を言えた	☐	☐	☐	☐

Practiceの訳と模範解答・解説

Set 1 (DL) 034

あなたの国でアメリカのマーケティング会社が調査をしていると考えてください。あなたは自分が朝いつもやっていることについて、電話インタビューに応じることにしました。

Q5: 通常、朝何時に起きますか。
Q6: 通常、目覚まし時計が鳴ったらすぐにベッドを出ますか。
Q7: 朝、学校や仕事に出掛ける前に、通常何をしますか。

A5: I usually wake up at 7 a.m.
A6: No, I do not. I usually stay in bed for 10 more minutes.
A7: 【説明】 I get out of bed and turn on the television. I then take a quick shower. After my shower, I get dressed, and if I have time, I make some toast and a cup of coffee. I don't usually have time to eat a large breakfast.

A5: 通常午前7時に起きます。
A6: いいえ、出ません。通常あと10分ベッドに入っています。
A7: ベッドを出てテレビをつけます。それからさっとシャワーを浴びます。シャワーの後、服を着て、時間があればトーストとコーヒーを1杯作ります。たっぷり朝食を食べる時間は通常ありません。

解説 朝の起床習慣に関する質問。Q5は質問のフレーズ（usually wake up）を再利用して「省エネ」し、時刻を足せばOK。Q6は模範解答のように、質問に対して肯定または否定を

した後、情報を追加して（例：あと10分ベッドに入っている）加点を狙おう。Q7のように時系列に沿って話す場合は、thenやafter (my shower)などのつなぎ言葉を使ってほしい。

....

Set 2 (DL) 035

あなたの国でイギリスのマーケティング会社が調査をしていると考えてください。あなたは電車への乗車について、電話インタビューに応じることにしました。

Q5: 電車にはどのぐらいの頻度で乗りますか。
Q6: 電車に乗っているときは、通常何をしていますか。
Q7: 自分の国の鉄道サービスをどう思いますか。

A5: I ride a train five times a week.

A6: I usually read the newspaper or check my e-mail.

A7: 【意見】I think that it is very good. 【理由】The train is clean and quick. Also, the ticket prices are cheap. 【経験談】I am very happy to use the train in my country.

A5: 私は週5回、鉄道に乗ります。
A6: 通常、新聞を読むかメールのチェックをしています。
A7: とてもいいと思います。列車はきれいでスピードもあります。それに、運賃も安価です。自分の国でそうした鉄道を利用できてとても幸せです。

解説 鉄道利用に関する質問。Q5の応答に際しては、質問のフレーズ（ride a train）を再利用して「省エネ」し、数字で具体的に頻度（five times a week）を示す。Q6でも模範解答は、質問のusuallyを再利用してI usually read ... としている。答えを1つに絞れないときは接続詞orを使って、2つの項目を並列してもいい（例：read the newspaper or check my e-mail）。Q7では、「意見 → 理由 → 具体例（＝経験談）」の流れを外さないこと。

....

Set 3 (DL) 036

あなたの国でカナダのマーケティング会社が調査をしていると考えてください。あなたは天気と季節について、電話インタビューに応じることにしました。

Q5: 天気が晴れならどこに行きたいですか。
Q6: 太陽からどう自衛しますか。
Q7: 好きな季節はいつで、その理由は何ですか。

A5: I like to go to the beach or to the park. I like sunny weather.

A6: I wear a hat and I also put on sunscreen lotion.

A7: 【意見・理由】My favorite season is summer because I like sunshine. 【具体例】I can go to the beach and I can enjoy the nice weather with my friends. I don't like cold weather.

A5: 海岸か公園に行きたいです。晴れた天気は好きです。
A6: 帽子をかぶりますし、日焼け止めローションも塗ります。
A7: 日差しが好きなので、好きな季節は夏です。海岸に行くことができますし、いい天気を友人と一緒に楽しむことができます。寒い天候は好きではありません。

解説 天気や季節に関する質問。Q5の模範解答では「場所」を答えた後、「晴れた天気が好き」と情報を追加している。Q5に対して2文以上で応答すると、それ以降の解答に弾みがつく。Q6では、周囲の人がやっていることを伝聞調で話してもいい（例：I do nothing special, but my sister puts on ...）。Q7の模範解答では、接続詞becauseを使い、意見と理由を1つの文に効率よくまとめている。具体例により多く時間を使えるお勧めの手法だ。

Set 4 (DL) 037

あなたの国でオーストラリアのマーケティング会社が調査をしていると考えてください。あなたはドライクリーニングについて、電話インタビューに応じることにしました。

Q5: ドライクリーニング店にどれぐらいの頻度で衣類を持っていきますか。
Q6: 通常、どんな衣類をドライクリーニングしてもらいますか。
Q7: 地元のドライクリーニング店のサービスに満足していますか。その理由は？

A5: I take items to the dry cleaning store once a week.
A6: I usually have my suits and shirts cleaned.
A7: 【意見】Yes, I am.【理由】I think that the service is very good and the staff is kind and friendly.【具体例】The owner always says hello to me. My clothes are always clean and smell fresh, too.

A5: 私は週に一度ドライクリーニング店に衣類を持っていきます。
A6: 通常、スーツとシャツをクリーニングしてもらいます。
A7: はい、満足しています。サービスはとてもいいと思いますし、スタッフが親切で気さくです。オーナーが必ずあいさつしてくれます。私の服も、いつもきれいでいい匂いです。

解説 ドライクリーニングに関する質問。応答問題では、このように少し変わった質問が登場することもある。慌てず、Q5、Q6の模範解答のように質問文の再利用による「省エネ」で乗り切ろう。Q7のようにWhy or why not?と「理由」を聞かれたときは、肯定または否定だけでなく、必ず理由と具体例（＝経験談）に言及してほしい。一文を短くし、どんどん言い足していくイメージで30秒を駆け抜けよう。

加点ポイントはこれ!

1 解答時間が終わるまで話し続ける

質問への最初の応答が終わっていれば、話している間に時間切れになってもペナルティーはない。流暢(りゅうちょう)さをアピールするためには、**解答時間を超えて話し続けるつもりで**ちょうどいい。

2 Q5とQ6の応答にも具体例や経験談を入れる

採点項目には、「内容の完成度」が入っている。聞かれたことに応答するだけでなく、**具体例や経験談を添えて話を広げる**と、15秒という短い時間であっても「会話を展開できるスキル」が応答内容の質を高める。

3 Q7 (30秒) で60語以上話す

「内容の完成度」に最も関連するのが、Q7の応答。意見の後に**理由や具体例を複数**盛り込んで、60語以上話そう。Q7でしっかりウオームアップできると、Q11 (意見を述べる問題) への応答にも自信がもてる。

??? ここが知りたい!! Q&A

Q1 フルセンテンスで答えたほうがスコアは上がる?

A リアルな会話であれテストの解答であれ、フレーズで答えることが自然 (あるいは応答として十分) な場合もあります。とはいえ、「フルセンテンスで答えることができる能力」を示す機会を捨ててしまうのはもったいない!　発話能力を測るスピーキングテストにおいては、**できるだけフルセンテンスで答えること**をお勧めします。

Q2 日本語の固有名詞は言わないほうがいい?

A それがどんな名詞なのかが、**聞き手にわかるような使い方であれば問題ありません** (例:広島市=Hiroshima City、姪〈めい〉のはるか=my niece Haruka)。日本のことをまったく知らない人が聞いても言いたいことが伝わるよう、日本語の固有名詞を**多用することは避けましょう**。

Q3 前問の解答とダブったり、矛盾する内容はNGですか?

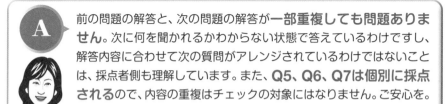

A 前の問題の解答と、次の問題の解答が**一部重複しても問題ありません**。次に何を聞かれるかわからない状態で答えているわけですし、解答内容に合わせて次の質問がアレンジされているわけではないことは、採点者側も理解しています。また、**Q5、Q6、Q7は個別に採点される**ので、内容の重複はチェックの対象にはなりません。ご安心を。

Q8-10 提示された情報に基づく応答問題
Respond to Questions Using Information Provided

| 45秒 準備 | → | Q8 | → | 3秒 準備 | → | 15秒 解答 | → | Q9 | → | 3秒 準備 | → | 15秒 解答 | → | Q10 | → | 3秒 準備 | → | 30秒 解答 |

※読み上げ2回

資料は画面に表示 →

||||| 提示された情報に基づく応答問題は、画面に提示された資料を見ながら電話での問い合わせに答える設定で、3つの質問に15秒または30秒で答えるタスクだ。質問を聞き間違えたり、違う情報を読み取って応答すると減点される。Q10は2回読み上げられるので、落ち着いて聞こう。**正確な聞き取りと、素早い情報収集がカギ**となるタスクだ。

●採点項目： 発音／イントネーション・アクセント／文法／語彙／一貫性／内容の妥当性／内容の完成度

採点スケール	採点ポイント
3	解答は質問に対して十分で、関連性があり、社会的にも適切な応答ができている。提示された情報に基づく課題に対しては、資料や文書の情報も正確に答えている。聞き手はすんなりと理解できる。適切な語彙・語句を使っている。課題に合った構文を使って答えている。
2	質問に対してはある程度適切に答えているが、完全ではなく、適切でない部分もある。また、提示された情報に基づく課題には、正確に答えていない部分がある。聞き手が理解しづらい箇所があるが、おおむね理解できる。全体的な意味ははっきりしているものの、語彙・語句が限定されていたり、やや適切でない場合がある。構文の使用が不適切なため、聞き手が理解するためには多少の努力を要する。提示された情報に基づく課題に関しては、資料や文書から関連した情報を見つけることができるが、それらを関連のない情報と区別したり、聞き手が理解しやすいように言い換えることはできない。
1	質問に対して十分に答えていない。関連する情報が十分に伝わっていない。聞き手は理解するのにかなり苦労する。語彙・語句が不正確であったり、設問と同じ内容を繰り返す。構文の使用が不適切なため、意味の理解が妨げられてしまう。
0	無解答、もしくは解答の中に英語が含まれていない、またはテストと全く関係ないことを答えている。

目標！ **Q8は特定情報、Q9は確認と訂正、Q10は要約。**
定型表現を使い、資料を読み上げていくイメージで！

サンプル問題にチャレンジ！

　まずは例題に挑戦！　どのくらい解答できるか試してみよう。ディレクションの後、3つの質問に順番に答える。音声の最初のBegin preparing now.で提示された資料を読もう。質問が流れたら、Begin preparing now.で準備し、Begin speaking now.に続いて話し始める。**解答は必ず録音すること！**

 038

Directions: In this section, you will use the information provided to answer three questions. You will be given 45 seconds to read all the material before the questions begin. You will be given 3 seconds to prepare after you hear each question. You will be given 15 seconds to answer Questions 8 and 9 but 30 seconds to respond to Question 10. You will hear Question 10 twice.

（**ディレクション**：このセクションでは、提示された情報を使って3つの質問に答えます。質問が始まる前に、提示された資料を45秒間読みます。各設問の準備時間は3秒です。解答時間は、Question 8と9は15秒、Question 10は30秒です。Question 10は2回聞きます）

（資料は解答時間中、画面にずっと表示される）

Lasley Town – Employment Seminar

Venue: Lasley Town Employment Center   Time: 9:00 a.m. – 3:00 p.m.

 9:00　Résumé and Cover Letter Writing – Toby Williams – Career Advisor

10:00　Using Online Job Search Sites – Terry Wilson – 123 Job Search

11:00　~~First Impressions – Tom Young – Manager – West Fashions~~

                                             CANCELED

                 (Looking for replacement speaker)

12:00　Lunch

 1:00　Communicating Effectively – Pete Taylor – Career Advisor

 2:00　Employee Rights – Fred Simpson – Trade Union Representative

 3:00　Wrap-Up

自分の解答を書き取ろう！

録音した自分の声を聞いて、下の空欄に書いてみよう。

Q8

Q9

Q10

自分の解答を評価しよう！

音声とディクテーションした解答の内容を基に、下記の7つの項目について自分の解答を評価しよう。

提示された情報に基づく応答問題の評価ポイント 120点取得には「4つ以上クリア」を目指そう	OKなら ✔
1. 資料を45秒以内に読んで理解できた	☐
2. 質問の内容を正確に理解できた	☐
3. 解答に必要な情報をすぐに探せた	☐
4. ビープ音の後、間を置かずに話し始められた	☐
5. 自然なテンポとスピードで話せた	☐
6. Q8とQ9はフルセンテンスで答えた	☐
7. Q10は必要な内容を全て言えた	☐

模範解答を聞いて、自分の解答と比べてみよう。

問題と模範解答のスクリプト・訳

🔊 038-039

Good morning. This is Terry Wilson from 123 Job Search. I will give a talk at the Lasley Town Employment Seminar. I'd like to check some of the details.

Q8: Where will the seminar be held, and what time does it begin?

A: The seminar will be held at Lasley Town Employment Center, and it begins at 9 a.m.

Q9: I understand that Tom Young from West Fashions is also going to be speaking. Will I be able to listen to his presentation after my talk?

A: No. He has canceled. We are trying to find a replacement speaker.

Q10: I'd like to know more about the presentations in the afternoon, please.

A: Let me see. First, career advisor Pete Taylor will speak about communicating effectively. Then, from 2 p.m., Fred Simpson, who is a trade union representative, will speak about employee rights.

おはようございます。123ジョブサーチのテリー・ウィルソンです。ラスリータウン就職セミナーで講演をすることになっています。詳細を少し確認したいのですが。

Q8: セミナーはどこで開催されて、何時に始まりますか。

A: セミナーはラスリータウン職業安定所で開催されて、午前9時に始まります。

Q9: ウエスト・ファッションのトム・ヤングさんも講演する予定だと伺っています。自分の講演の後で私も彼のプレゼンテーションを聞くことはできますか。

A: いいえ。彼の講演は中止になりました。代わりの講師を探しているところです。

Q10: 午後のプレゼンテーションについてもう少し知りたいので、お願いします。

A: ええとですね。まず、就職アドバイザーのピート・テイラーさんが効果的なコミュニケーションについて講演します。次に午後2時からは、労働組合代表のフレッド・シンプソンさんが被雇用者の権利について講演します。

資料の訳

ラスリータウン ── 就職セミナー

会場：ラスリータウン職業安定所　　時間：午前9時〜午後3時

9:00	履歴書と送り状の書き方 ── トビー・ウィリアムズ ── 就職アドバイザー
10:00	オンライン求人サイトの利用法 ── テリー・ウィルソン ── 123ジョブサーチ
11:00	第一印象について ── トム・ヤング／ウエスト・ファッション部長　中止
	（代わりの講師を探しています）
12:00	昼食
1:00	効果的なコミュニケーション ── ピート・テイラー ── 就職アドバイザー
2:00	被雇用者の権利 ── フレッド・シンプソン ── 労働組合代表
3:00	総括

👂 音声にオーバーラップして英文を読んだり、音読したりしてみよう。

提示された情報に基づく応答問題 これだけ！リスト

【推奨】【ノートテイキング対象】
●聞き取った問い合わせの内容（＝リスニングメモ）

❶ 準備時間は、資料を音読しながらポイントを押さえる。

資料は全体→細部の順にチェック。備考や線で消してある情報はQ9に関係するので必ず確認する。

❷ 質問では疑問詞が途中に出てくる間接疑問文に注意する。

例）Can you tell me what time the seminar begins?

❸ Q8は特定の情報を定型文でシンプルに答える。

例）［イベント］will be held on［日付］/ at［場所］.
　　［イベント］begins at［時刻A］, and ends at［時刻B］.
　　［イベント］costs［数字］dollars.

❹ Q9は情報の確認・訂正をする。

● 確認：Yes, that is correct. / Yes, you can.
● 訂正：Actually, that is not correct. / I'm afraid you can't.
　→正しい情報を続ける（Let me check.と言って時間を稼ぎ、資料を確認してから解答しても良い）

❺ Q10は情報を簡潔に要約する。

● 概要を説明する：There are［数］［イベント］. / We have［数］［アイテム］.
● 順序立てて言う：First, ... Next, ... Then, ... Finally, ...

解答の流れ

S8-10【45秒】資料確認 → S8【3秒】準備 → 【15秒】解答 → S9【3秒】準備 → 【15秒】解答 → S10【3秒】準備 → 【30秒】解答

※読み上げ2回

提示された情報に基づく応答問題
4つのポイント

1 資料の確認は全体から細部。訂正・備考はQ9がらみ！

資料は全体の構成をつかんでから、細部を「音読しながら（固有名詞は念入りに！）」確認。備考や線で消してある情報はQ9に関係することが多いので注意しよう。

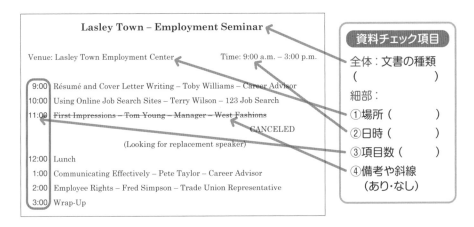

2 Q8では「日時・場所・費用の表現」を使いこなす

Q8では、相手の質問に正確に答えるのが何より大切。定型文を使ってシンプルに応答しよう。

● 日時・場所・費用に使える構文例 ●	
[イベント] will be held on [日付].	[イベント]は[日付]に開催されます。
[イベント] will be held at [場所].	[イベント]は[場所]で開催されます。
[イベント] begins at [時刻A], and ends at [時刻B].	[イベント]は[時刻A]に始まり、[時刻B]に終わります。
[イベント] costs [数字] dollars/euros.	[イベント]は[数字]ドル／ユーロです。
The fee is [数字] dollars/euros.	料金は[数字]ドル／ユーロです。
[イベント] is included in the fee.	[イベント]は料金に含まれます。

3 Q9では「最初の一言」がすぐ出るようにする

　Q9では、最初の一言が返せればひとまず安心。後は資料の内容を落ち着いて読み上げよう。

● 情報の確認・訂正をする際の最初の一言の例 ●	
Yes, that is correct.	はい、そのとおりです。
Yes, you can.	はい、可能です。
Actually, that is not correct.	実は、そうではないのです。
I'm afraid you can't.	残念ながら無理なんです。
Let me check ...	確認させてください。（＝時間を稼ぐ）

4 Q10では「要約の型」を作っておこう

　Q10では、資料内容の要約を求められることが多い。項目数を伝えた後、つなぎ言葉を使いながら順を追って話す、「要約の型」を身に付けよう。

● 要約に使える構文例 ●	
There are［数字］［イベント］.	［イベント］が［数］あります。
We have［数字］［イベント］.	［イベント］が［数］あります。
First, ... Next, ... Then, ... Finally, ...	まず、…。次に、…。そして、…。最後に、…。

Q
8
-
10
提示された情報に基づく応答問題

Step 1 まずは2択形式で解答！

それでは段階を踏んで、**Q8-10**への応答を練習しよう。Step 1は、本番では音声のみで与えられるナレーションと質問文を、全て誌面上に記した。目と耳で確認したら、応答として正しいものを**A**、**B**から選び、解答時間内に**声に出して読もう**。録音した音声は後で必ず聞き返そう。　　　　　　　　　　　正解と訳はp. 88参照

 040

Begin preparing now.で始まる45秒の準備時間の後、ナレーションと**Q8**の音声が流れる。適切な応答を選んで、ビープ音の後で答えよう。そのまま**Q10**まで音声を止めないで解答すること。

Wentway College Open Day
Wentway College Campus
September 7, 9:00 a.m. – 4:00 p.m.

9:00 – 10:00	Welcome
10:00 – 12:00	**Demonstration Lessons**
-	Computer Skills – Room 17
-	Korean Language – Room 4
-	Flower Arrangement – Room 7
12:00 – 1:00	Lunch
1:00 – 3:00	**Demonstration Lessons**
-	Spanish Language – Room 4
-	Fashion Design – Room 6
-	Graphic Design – Room 16
3:00 – 4:00	Course Fees & Scholarships

Good morning. My name is Martin Davies, and I'm interested in attending your college open day. I have a couple of questions.

Q8: I'm interested in learning a foreign language. What foreign languages does your college offer?

☐ **A:** We offer two foreign languages. They are Korean and Spanish.
☐ **B:** We offer three foreign languages. They are Korean, Spanish, and French.

Q9: I will need some financial assistance with course fees. Will I be able to learn more about that during the open day?

☐ **A:** I'm afraid you can't.
☐ **B:** Yes, you will. You can learn about that from 3:00 p.m. to 4:00 p.m.

Q10: Aside from foreign languages, can you tell me more about the demonstration lessons?
Now listen again.
Aside from foreign languages, can you tell me more about the demonstration lessons?

☐ **A:** In the morning, from 10:00 a.m. to 12:00 p.m., you can learn Korean.
In the afternoon, from 1:00 p.m. to 3:00 p.m., you can learn Spanish.
☐ **B:** In the morning, from 10:00 a.m. to 12:00 p.m., you can learn about computer skills in Room 17 or flower arrangement in Room 7.
In the afternoon, from 1:00 p.m. to 3:00 p.m., you can learn about fashion design in Room 6 or graphic design in Room 16.

Q
8
|
10
提示された情報に基づく応答問題

Step 2 質問を聞き取り、2択で解答！

Step 2では、質問文は誌面に掲載していない。聞き取って、応答として正しいものを**A**、**B**から選び、声に出して読もう。解答後、音声を再度聞いて空欄に質問を書き取ること。また、録音した音声も聞き返そう。　　　　　　　　　　　　📻 正解と訳はp. 88参照

 042

Children's Summer Sports Camp

Venue: Bexton City Sports Center　　　Date: Monday, August 1 – Friday, August 5

Field A	Field B	Indoor Arena
Tennis	Triple Jump	Basketball
Soccer	High Jump	Badminton

Fees: 7-9 years old - $1 a day
　　　10-12 years old - $3 a day

Good morning. My name is Helen Atkins, and I'd like to enroll my two children in the children's summer sports camp. Before I do so, I'd like to check some details.

Q8: _____?

☐ **A:** You can enjoy six kinds of sports in Field A, Field B, and the indoor arena.

☐ **B:** The summer sports camp will be held at Bexton City Sports Center, and it begins on Monday, August 1.

Q9: _____?

☐ **A:** No. The price is $1 a day for children 7-9 years old and $3 a day for children 10-12 years old.

☐ **B:** Yes, that is correct. The price is $1 a day for all children.

Q10: _____?

☐ **A:** Sure. In Field A, we offer tennis and soccer. In Field B, we have triple jump and high jump. Finally, in the indoor arena, children can play basketball and badminton.

☐ **B:** Sure. In Field A, we offer triple jump and high jump. In Field B, we have tennis and soccer. Finally, in the indoor arena, children can play basketball and badminton.

Step 3 本番に近い形式で解答！ ● REC

Step 3では、本番同様に選択肢は掲載していない。45秒の準備時間内に資料を確認し、質問を聞き取って、解答時間内に答えよう。解答後、録音を聞いて質問と自分の解答を書き取り、模範解答と比べてみよう（本番では資料以外は提示されないので注意）。

😎 模範解答と訳はp. 89参照

 044

Ms. Sarah Belmont
13 Weaver Way, London, SW1

Objective: I am seeking employment as a branch manager.

Education: 1993 – 1996 Telmont University (B.A. Marketing)
1985 – 1992 Camberwell High School

Employment: 2009 –   Savercost Supermarkets – Marketing Manager
2003 – 2009 Masterton Retail – Marketing Department
1996 – 2003 Arndale English School, Japan – English Teacher

Skills: Fluent in Japanese.

Hobbies: Karate (black belt). Women's volleyball (team captain).
Jogging (winner of 2004 Felton City Marathon). Amateur
photographer.

Hi John, this is Jane. I'm interviewing Sarah Belmont for the branch manager position in a few minutes, but I cannot find her résumé. Can I ask you some questions over the phone?

Q8: _____ ?

自分の解答 _____

Q9: _____ ?

自分の解答 _____

Q10: _____ ?

自分の解答 _____

Ｑ8-10 提示された情報に基づく応答問題

訳と正解・模範解答・解説

Step 1 (DL) 041

おはようございます、マーティン・デイビーズと申します。貴校のオープンキャンパスへの参加に興味があります。いくつか質問があるのです。

Q8: 外国語の学習に興味があります。貴校ではどんな外国語（教育）を提供していますか。

○**A:** 当校では2つの外国語を提供します。韓国語とスペイン語です。

   B: 当校では3つの外国語を提供します。韓国語とスペイン語とフランス語です。

Q9: 授業料への経済的援助が必要になります。オープンキャンパスの期間中にそれについてもっと知ることができますか。

   A: 残念ながらできません。

○**B:** はい、できます。午後3時から4時にそのことについて知ることができます。

Q10: 外国語以外のデモ授業についてもっと教えてもらえますか。

   A: 午前中は、午前10時から12時まで韓国語を学べます。午後は、午後1時から3時までスペイン語を学べます。

○**B:** 午前中は、午前10時から12時まで17号室でコンピューター技術を、7号室でフラワーアレンジメントを学べます。午後は、午後1時から3時まで6号室でファッションデザインを、16号室でグラフィックデザインを学べます。

● 資料の訳 ●

ウェントウェイカレッジ・オープンキャンパス
ウェントウェイカレッジ・キャンパス／9月7日午前9時〜午後4時
 9:00-10:00: 歓迎
10:00-12:00: **デモ授業**／コンピューター技術―17号室／韓国語―4号室／フラワーアレンジメント―7号室
12:00- 1:00: 昼食
 1:00- 3:00: **デモ授業**／スペイン語―4号室／ファッションデザイン―6号室／グラフィックデザイン―16号室
 3:00- 4:00: 授業料と奨学金

Step 2 (DL) 043

おはようございます。ヘレン・アトキンスと申しますが、私の2人の子どもを、子どもサマースポーツキャンプに参加させたいと思っています。そうする前に、いくつか細かい点を確認したいのです。

Q8: Where will the summer sports camp be held, and when does it begin?
   サマースポーツキャンプはどこで開催されて、いつ始まりますか。

   A: フィールドA、Bと屋内競技場で6種類のスポーツを楽しめます。

○**B:** サマースポーツキャンプはベクストン市立スポーツセンターで行われ、8月1日月曜日に始まります。

Q9: Am I right in thinking that the price is $1 a day for all children?
   子どもなら皆、1日当たりの料金は1ドルだと思うのですが、合っていますか。

○**A:** いいえ。7歳から9歳のお子さんの料金は1日1ドルですが、10歳から12歳のお子さんは3ドルになります。

   B: はい、それで合っています。料金は全てのお子さんに関して1日1ドルです。

Q10: Can you tell me about the different sports available?
   体験できるさまざまなスポーツについて教えてもらえますか。

○**A:** もちろんです。フィールドAではテニスとサッカーを行います。フィールドBでは三段跳びと走り高跳びを行います。最後に屋内競技場では、子どもたちはバスケットボールとバドミントンができます。

B: もちろんです。フィールドAでは三段跳びと走り高跳びを行います。フィールドBではテニスとサッカーを行います。最後に屋内競技場では、子どもたちはバスケットボールとバドミントンができます。

● 資料の訳 ●

子どもサマースポーツキャンプ

場所：ベクストン市立スポーツセンター／日時：8月1日月曜〜8月5日金曜

フィールドA：テニス・サッカー／フィールドB：三段跳び・走り高跳び

屋内競技場：バスケットボール・バドミントン

料金：7歳〜9歳　1日1ドル／10歳〜12歳　1日3ドル

Step 3 (DL) 045

もしもし、ジョン、ジェーンです。私はあと何分かで、サラ・ベルモントを支店長職のために面接するのだけど、履歴書が見つからなくて。この電話でいくつか質問してもいいですか。

Q8: What was her university major, and when did she graduate?
彼女の大学での専攻は何で、いつ卒業しましたか。

A: She studied marketing, and she graduated in 1996.
マーケティング専攻で、1996年卒業です。

Q9: Her first job after university was in marketing, right?
彼女の大学卒業後の最初の仕事はマーケティングでしたよね。

A: That is not correct. After university, she was an English language teacher in Japan.
それは違います。大学の後、彼女は日本で英語教師をやっていました。

Q10: Apart from her employment and educational history, what else can you tell me about her?
職歴や学歴以外で、彼女についてほかに何か教えられることはありますか。

A: She likes karate and she is a black belt. She also likes women's volleyball and she is the team captain. She was the winner of the Felton City Marathon in 2004. She is also an amateur photographer.
彼女は空手が好きで、黒帯です。彼女は女子バレーボールも好きで、チームの主将です。2004年フェルトン市民マラソンの優勝者でした。彼女はアマチュア写真家でもあります。

● 資料の訳 ●

サラ・ベルモント／ウィーバー通り13、ロンドン、SW1

目的：支店長としての雇用を希望しています。

学歴：1993-1996: テルモント大学（マーケティング学士号）
　　　1985-1992: キャンバーウェル高校

職歴：2009-:　　セイバーコストスーパーマーケット——マーケティング部長
　　　2003-2009: マスタートン小売店——マーケティング部
　　　1996-2003: アーンデイル英語学校、日本——英語教師

特技：日本語に堪能

趣味：空手（黒帯）。女子バレーボール（チーム主将）。ジョギング（2004年フェルトン市民マラソン優勝）。アマチュア写真家。

解説 JaneからSarah Belmont氏の履歴書に関する問い合わせ。Q8で問われている応募者の専攻科目と卒業年に関する情報は、Educationにある。Q9で確認が求められている新卒で就いた職は、Employmentの最下部にあるEnglish Teacherで、マーケティング関連ではない。最も直近の職歴が一番上に表記されていることに注意しよう。Q10では職歴と学歴以外の情報を求められているので、SkillsとHobbiesの情報を要約する。

Practice

最後に3セットの練習問題に挑戦しよう。各セットの音声は、**途中で止めずに解答する**こと。自分の解答は**必ず録音**しよう。　 スクリプト・訳と模範解答はp. 95参照

Directions: In this section, you will use the information provided to answer three questions. You will be given 45 seconds to read all the material before the questions begin. You will be given 3 seconds to prepare after you hear each question. You will be given 15 seconds to answer Questions 8 and 9 but 30 seconds to respond to Question 10. You will hear Question 10 twice.

Set 1 (DL) 046

Polton City Library
Children's Book Reading Club
Registration: April 20-30*

Time & Day	Book Title	Read by
Wednesday, May 5 5:00 p.m. – 6:00 p.m.	*Ben & the Snake King* (Adventure)	William Walters
Wednesday, May 12 5:00 p.m. – 6:00 p.m.	*Yellow Flowers in Spring* (Fantasy)	Gloria Dunford
Wednesday, May 19 5:00 p.m. – 6:00 p.m.	*Space Battle* (Science Fiction)	Sam French
Wednesday, May 26 5:00 p.m. – 6:00 p.m.	*Jenny's Pet* (Humor)	Amanda Dawson

*Registration: Open to all members
To register: Online – www.poltonlibrary.org
In person – Library hours 9:30 a.m. – 6:00 p.m. (Mon-Sat)

Set 2 047

Itinerary for Kelly McDonald – Award-Winning Hair Stylist				
Date	City	Hotel	Transportation	
Day 1: Nov. 13	Chicago → Munich	Bayerpost Inn, Munich	DL 035 9:45 a.m.	
Day 2: Nov. 14	Munich	Bayerpost Inn, Munich		**1 p.m.** Lunch meeting w/ Stylist Association
Day 3: Nov. 15	Munich	Bayerpost Inn, Munich		**9 a.m. - 6 p.m.** Hair Stylist Competition as special judge **7 p.m.** Dinner w/ Mr. Owen of Boux Magazine
Day 4: Nov. 16	Munich → Paris	Hotel Ristel, Paris	AF 0897	
Day 5: Nov. 17	Paris → Chicago		DL 043 7:20 a.m.	

The interview w/ Ms. Lauren scheduled for November 15 was canceled.

Q 8–10 提示された情報に基づく応答問題

Set 3  048

Northfield Bank Credit Card Services

Cardholder: Kenji Sasaki
Card number: 5544-2234-3432-1253

Credit limit: $15,000.00
Current balance: $5,000.00
Credit available: $10,000.00

Today's Date: 07/26

Date:	Retailer	Transaction
07/04	Dalton Camping Store	$200.00
07/05	Supersave Supermarket	$100.00
07/14	Weatherton Bookstore	$75.00
07/22	Ashley Furniture Store	$150.00

Payment Due: August 1
Minimum Payment: $40.00

自分の解答を書き取ろう!

Set 1

Q8

Q9

Q10

模範解答 **DL** 049

Q8

Q9

Q10

Set 2

Q8

Q9

Q10

模範解答 **DL** 050

Q8

Q9

Q10

Set 3

Q8

Q9

Q10

- -

模範解答 (DL) 051

Q8

Q9

Q10

自分の解答を評価しよう!

録音した声と、書き取った解答を基に、下記の項目について評価しよう。

提示された情報に基づく問題の評価ポイント 120点取得には「4つ以上クリア」を目指そう	OKなら ✔ Set 1	OKなら ✔ Set 2	OKなら ✔ Set 3
1. 資料を45秒以内で読んで理解できた	☐	☐	☐
2. 質問の内容を正確に理解できた	☐	☐	☐
3. 解答に必要な情報をすぐに探せた	☐	☐	☐
4. ビープ音の後、間を置かずに話し始められた	☐	☐	☐
5. 自然なテンポとスピードで話せた	☐	☐	☐
6. Q8とQ9はフルセンテンスで答えた	☐	☐	☐
7. Q10は必要な内容を全て言えた	☐	☐	☐

Practiceのスクリプト・訳と模範解答

Set 1 (DL) 049

Hello, I've heard about the children's book reading club that you will run next month. I'd like to ask a couple of questions about it.

Q8: When is the first book reading, and what time does it end?

A: The first book reading is on Wednesday, May 5, and it ends at 6 p.m.

Q9: Will any science fiction books be read?

A: Yes. *Space Battle* will be read by Sam French on Wednesday, May 19, from 5 p.m. to 6 p.m.

Q10: I think I would like to register my son. Can you tell me more about the registration process?

A: Registration is from April 20 to April 30. It is open to all members. You can register online or in person. The library is open from 9:30 a.m. to 6 p.m., Monday to Saturday.

Q 8 10 提示された情報に基づく応答問題

こんにちは、来月開かれる児童書読み聞かせクラブの話を聞きました。そのことで2、3質問をしたいのですが。
Q8: 最初の読み聞かせはいつで、何時に終わりますか。
　A: 最初の読み聞かせは5月5日の水曜日で、午後6時に終わります。
Q9: 何かSFの本は読まれますか。
　A: はい。5月19日水曜日の午後5時から6時にかけて、『スペース・バトル』をサム・フレンチさんが朗読します。
Q10: 息子の申し込みをしたいと思います。申し込み手続きについて、もう少し説明していただけますか。
　A: 申し込みは4月20日から30日の間です。利用者であればどなたでも申し込めます。オンラインで、または直接、申し込みができます。図書館は月曜日から土曜日、午前9時30分から午後6時まで開館しています。

資料の訳

ポルトン市立図書館／児童書読み聞かせクラブ

申し込み：4月20日〜30日*

日時／本の題名／朗読者
5月 5日(水)午後5時〜午後6時／ベンとへびの王様(冒険)／ウィリアム・ウォルターズ
5月12日(水)午後5時〜午後6時／春に咲く黄色い花(ファンタジー)／グロリア・ダンフォード
5月19日(水)午後5時〜午後6時／スペース・バトル(SF)／サム・フレンチ
5月26日(水)午後5時〜午後6時／ジェニーのペット(ユーモア)／アマンダ・ドーソン
* 申し込み：利用者であれば誰でも可
　申し込み方法：オンライン　www.poltonlibrary.org
　　　　　　　直接申し込み　開館時間午前9時30分〜午後6時(月〜土)

解説 来月開かれる児童書の読書会に関する問い合わせ。Q8は初回イベントの開催日と終了時刻を簡潔に伝えよう。質問中の"first"を聞き逃さないようにしたい。Q9はscience fictionをキーワードに5月19日の読書会を探し当て、その内容を伝える。Q10は登録方法（registration process）に関する問い合わせ。＊マークの付いた表下の備考を要約すればいい。申し込み方法はインターネットでと図書館での2つあるので、等位接続詞orを使って並列する。

Set 2 (DL) 050

Hello. This is Kelly. I'd like to check with you about the itinerary for my Munich trip. I left it at my office and need to know about it now. Thanks.

Q8: What time is the flight for Munich, and at which hotel will I be staying?

  A: The flight is at 9:45 a.m. You'll be staying at the Bayerpost Inn.

Q9: Am I supposed to have an interview with Ms. Lauren on Day 3? When exactly is the interview?

  A: Actually, the interview with Ms. Lauren was canceled.

Q10: Can you briefly tell me about what I will do while in Munich?

  A: Sure. First, on November 14 at 1 p.m., you will have a lunch meeting with the Stylist Association. Then, on November 15, you will join the Hair Stylist Competition as a special judge from 9 a.m. to 6 p.m. Finally, on November 15, you will have dinner with Mr. Owen at 7 p.m.

もしもし、ケリーです。ミュンヘン出張の旅程を一緒にチェックしたいと思っています。それを事務所に置いてきてしまって、今知る必要があるのです。よろしくお願いします。

Q8: ミュンヘン行きの便は何時で、私はどのホテルに泊まることになりますか。

  A: その便は午前9時45分です。バイエルポスト・インに泊まります。

Q9: 私は3日目にローレンさんと会うことになっていますか。面談は正確にはいつですか。

  A: 実は、ローレンさんとの面談はキャンセルになりました。

Q10: ミュンヘンにいる間に何をするか、手短に言ってくれますか。

  A: もちろんです。まず、11月14日の午後1時にスタイリスト協会との昼食会があります。それから11月15日の午前9時から午後6時まで、特別審査員としてヘアスタイリストコンクールに参加します。最後に11月15日の午後7時に、オーウェン氏と夕食を取ります。

資料の訳

受賞ヘアスタイリスト、ケリー・マクドナルドの旅程表

日付／街／ホテル／交通

1日目：11月13日／シカゴ→ミュンヘン／ミュンヘンのバイエルポスト・イン／DL 035便、午前9時45分

2日目：11月14日／ミュンヘン／ミュンヘンのバイエルポスト・イン／午後1時にスタイリスト協会と昼食会

3日目：11月15日／ミュンヘン／ミュンヘンのバイエルポスト・イン／午前9時～午後6時に特別審査員としてヘアスタイリストコンクール、午後7時にボーマガジンのオーウェン氏と夕食

4日目：11月16日／ミュンヘン→パリ／パリのホテル・リステル／AF0897便

5日目：11月17日／パリ→シカゴ／DL043便、午前7時20分

＊11月15日のローレン氏との面談はキャンセルに。

解説 Kellyからのミュンヘン行き旅程表に関する問い合わせ。Q8はフライト時刻と滞在先を2文で簡潔に答えよう。Q9は、表下にある斜字の備考に関連する質問だ。Actually（実は）という、相手にとって意外なことを伝えるときに「クッション」の役割をする副詞を置いて、備考の内容をそのまま読み上げればいい。Q10は全日程ではなく、ミュンヘンでの予定のみを聞かれていることに注意しよう。模範解答にあるような、First, Then, Finallyといったつなぎ言葉も適宜使いたい。

Set 3 (DL) 051

Good morning. This is Kenji Sasaki. I am overseas at the moment, and I would like to check my credit card statement for July.

Q8: What is my current credit card limit, and how much do I have available to spend at the moment?

A: Your credit card limit is $15,000, and you can spend $10,000.

Q9: I understand that my next payment is due on August 8, and the minimum payment is $35. Is that correct?

A: No, that is not correct. Your payment is due on August 1, and the minimum payment is $40.

Q10: Can I ask you to remind me of the last three purchases on my credit card?

A: First, on July 5, you spent $100 at the Supersave Supermarket. Then, on July 14, you spent $75 at the Weatherton Bookstore. Finally, on July 22, you spent $150 at the Ashley Furniture Store.

おはようございます、ケンジ・ササキと申します。今、海外におりまして、7月のクレジットカード利用状況を知りたいのですが。

Q8: 私の現在のクレジットカード利用枠はいくらで、今の利用可能額はいくらになっていますか。

　A: あなたのクレジットカードご利用枠は1万5000ドルで、1万ドルまでお使いになれます。

Q9: 私の理解では、次の支払期日は8月8日で、最低支払金額は35ドルだったはずです。これで合っていますか。

　A: いいえ、違います。次のお支払期日は8月1日で、最低支払金額は40ドルとなっております。

Q10: クレジットカードでの買い物の最近3回分を確認させてもらってもいいですか。

　A: 1つ目は、7月5日にスーパーセーブ・スーパーマーケットで100ドルお使いです。次に、7月14日にウェザートン書店で75ドル使っています。最後は、7月22日にアシュレー家具店で150ドルお使いになっています。

資料の訳

ノースフィールド銀行クレジットカードサービス

カード所有者：ケンジ・ササキ／カード番号：5544-2234-3432-1253
クレジットカードご利用枠：15000ドル／現在のご利用残高：5000ドル
ご利用可能額：10000ドル／作成日：7月26日
日付／店名／ご利用金額
7月4日／ドルトン・キャンプ用品店／200ドル
7月5日／スーパーセーブ・スーパーマーケット／100ドル
7月14日／ウェザートン書店／75ドル
7月22日／アシュレー家具店／150ドル
お支払期日：8月1日／最低お支払金額：40ドル

解説 Kenji Sasakiからの7月分のカード利用明細に関する問い合わせ。Q8ではカードの利用枠（credit card limit = Credit limit）と利用可能額（Credit available）を聞いている。表の右上の金額をミスなく読み上げよう。Q9では支払期日と最低支払金額の確認を求めているので、表下の情報を読み上げ、相手の情報を訂正する。Q10では直近3回のカード利用を問い合わせている。7月4日分を含めると4回分になってしまうので、7月5日以降の3回分を要約すればOK。

加点ポイントはこれ！

① Q8とQ9は時間いっぱいまで話し、次の設問へ弾みをつける

　Q8とQ9では、解答が5秒程度で終わってしまうこともある。残り10秒近くを黙って過ごすと、せっかく温まった「英語スピーキングエンジン」が冷えてしまうかも。次の解答への弾みをつける意味でも、Do you have any other questions?（ほかに質問はありますか）といった一言を添えてみよう。

② Q10ではつなぎ言葉を駆使して聞き手をしっかり「誘導する」

　First（初めに）、Then（そして）、Finally（最後に）、In addition（加えて）、Also（さらに）といった「つなぎ言葉」は、情報を聞き手にわかりやすく伝え、誘導する信号の役割をする。聞き手に配慮した話し方ができることは、高評価につながるだけでなく、話し手である自分自身も「今は何個目の項目を話している」、「今から追加事項を話す」と情報を整理しながら話せる利点がある。

??? ここが知りたい!! Q&A

Q1 質問と同じ表現を使ったほうがいい? 変えたほうがいい?

A 質問に使われた表現を言い換えられればそれに越したことはありませんが、解答時間の短さ (Q8、Q9は15秒) を考えると「内容重視」が無難です。質問されたことに答えていれば、**質問中の表現をそのまま借りるのはアリ**です。

Q2 途中で間違えたことに気付いたら、訂正すべき?

A その場合は、①**解答時間内にできるだけ訂正する**、②**間違いに気付いたことを伝える** (例: Oh, sorry, I misunderstood your question. Let me check the information again. 〈ああ、すみません。ご質問を勘違いしました。再度、情報を確認させてください〉) のいずれかを選択しましょう。残りが数秒の場合は③**その問題はあきらめ、気持ちを切り替えて次で取り返す**、これに尽きます。反省会をするのはテストが終わってから!

Q3 言い切れなさそうなときは、答えを省略してもOK?

A Q10では、解答時間内に情報全てを言い切れないこともあるでしょう。テスト本番では**省略したり、「～等があります (and so on)」とまとめてしまっても問題ありません**。流暢性が高まれば、時間内に全てを言い切れない事態にはまずなりません。スムーズかつ一気に話すトレーニングを続けてください。

Q11 意見を述べる問題

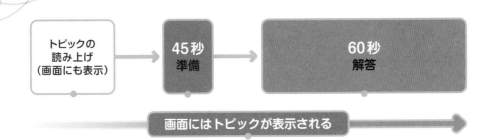

トピックの
読み上げ
（画面にも表示）
→ 45秒
準備
→ 60秒
解答

画面にはトピックが表示される →

意見を述べる問題は、あるトピックに対する自分の意見を、45秒の準備時間の後、60秒
で述べるタスクだ。トピックには、賛成か反対か選ぶ・3つの選択肢から1つ選ぶ・長所
と短所を述べる、といったパターンがある。「意見・理由・具体例の3本柱」を意識して、
説得力のある解答を目指そう。

●採点項目： 発音／イントネーション・アクセント／文法／語彙／一貫性／内容
の妥当性／内容の完成度

採点スケール	採点ポイント
5	解答は自分の選択や意見を明確に示しており、その理由づけは容易に理解することがで き、また、継続的に話されており、一貫性がある。 理由や詳細、論拠または例を提示することで、自分のとった選択や意見に対する裏づけがなさ れており、考えのつながりは明確である。 全体的にほどよいペースではっきりと話されている。発音、イントネーションに些細なミスや わずかな問題はあるが、全体の理解を妨げるものではない。 基本的な構文も複雑な構文も（必要に応じて）自由に使うことができる。些細なミスが時折見 受けられるが、意味をわかりにくくするものではない。語彙・語句の使い方は多少正確でない 場合もあるが、効果的に使っている。
4	解答は明確に自分の選択や意見を示しており、それらを十分に裏づけまたは展開できてい る。 自分のとった選択や意見の理由を説明できているが、説明は十分には展開されていない。とこ ろどころで間違いはあるものの、考えのつながりはほぼ明確である。 発音、イントネーション、ペースにわずかに問題があり、聞き手が理解しづらい箇所もある。た だし、全体の理解が大きく妨げられることはない。 比較的自由かつ有効に文法を使いこなせるが、使用する構文がやや限定的である。語彙・語句 をかなり効果的に使えるが、不正確・不明確なものもある。

3	自分のとった選択や好み、意見を提示できているが、それらを展開したり裏づけすることに限りがある。 自分の選択、好み、意見を支持する理由を最低1つは提示している。しかし、詳細な説明はほとんどなく、同じ内容の繰り返しにすぎない。また、あいまいではっきりしない。 話す内容は基本的にわかるが、発音が不明瞭だったり、イントネーションがぎこちない、またはリズムやペースが不規則なため、ところどころ意味がはっきりせず、聞き手は理解に苦労する。使える文法に限りがある。うまく流暢に使っているのは基本的な構文がほとんどである。使用できる語彙・語句は限られている。
2	課題に関連する自分の選択や好み、意見を示してはいるが、その理由を提示していない、またはその理由がわかりづらく一貫性がない。 発音、アクセント、イントネーションに終始問題があり、聞き手はかなり理解に苦労する。断片的で途切れがちな話し方、また長い間があいたり、口ごもることがたびたびある。 使用できる文法が非常に限られていて、言いたいことを表現したり、思考の流れを明確に表現することができない。使用できる語彙・語句はかなり限られており、繰り返しが多い。
1	課題や設問文をそのまま読み上げているだけである。課題が要求する自分の意見や選択、好みを示すことができない。単語のみ、またはフレーズのみ、あるいは母語と英語を混ぜて答えている。
0	無解答、もしくは解答の中に英語が含まれていない、またはテストと全く関係ないことを答えている。

Q 11 意見を述べる問題

 目標 ! **「意見・理由・具体例の3本柱」で**
説得力のある解答を

サンプル問題にチャレンジ！

まずは例題に挑戦！　ディレクションの後にトピックを目と耳で確認し、45秒の準備後、60秒で解答しよう。解答は必ず録音すること！

 052

Directions: In this section, you will express your opinion on a certain topic. You will be given 45 seconds of preparation time and then 60 seconds to speak. Try to say as much as you can in that time.

（**ディレクション**：このセクションでは、あるトピックについて、自分の意見を述べてください。準備時間は45秒、解答時間は60秒です。与えられた時間を使ってできるだけ多くのことを解答してください）

Do you agree or disagree with the following statement? Entering a good university is no harder than it used to be. Use specific reasons and examples to support your answer.

アイデアメモ欄

自分の解答を書き取ろう！

録音した自分の声を聞いて、下の空欄に書いてみよう。

....

....

自分の解答を評価しよう！

録音した音声と書き取った解答を基に、下記の項目について評価しよう。

意見を述べる問題の評価ポイント 120点取得には「4つ以上クリア」を目指そう	OKなら ✔
1. トピックの内容を理解できた	☐
2. 準備時間に「自分の意見」と「理由」を考えられた	☐
3. 解答中に3秒以上、無言になる時間がなかった	☐
4. 「自分の意見・理由・具体例」を全て言えた	☐
5. 「理由」は意見を説明する内容だった	☐
6. 「具体例」は理由を裏付ける内容だった	☐
7. 聞き手の理解を妨げるほどの文法ミスがなかった	☐

トピックの訳

以下の内容に賛成ですか、反対ですか。良い大学に入るのはかつてと同様に難しい。具体的な理由や例を使って自分の解答を裏付けなさい。

模範解答のスクリプトと訳

 053

I agree that entering a good university is no harder than it used to be. A good university is always popular among students who want to get a good job that promises a good salary. In my country, the number of young people is decreasing, but I've never heard that entering a good university is either easier or harder compared to in the past. I think entering a good university is always hard.

（良い大学に入るのは、かつてと同様に難しいという意見に賛成です。良い大学は、高給が約束される良い職に就きたい学生にとって、常に人気があります。私の国では若者の数が減っていますが、良い大学に入るのが昔に比べて楽になったとか難しくなったとか聞いたことはありません。良い大学に入るのは常に難しいのだと思います）

アイデアメモ例

Agree
good uni. → good job & salary

young ppl ↘
still hard

意見を述べる問題 これだけ! リスト

必須 【ノートテイキング対象】
●トピックに関する自分の考え (=アイデアメモ)

❶ トピックは画面上の文字で確認し、内容をしっかり理解する。

❷ 準備時間は「自分の意見」と「理由1つ」を考えるだけにする。

❸ 解答の際はアイデアメモを見ながら話し、使ったものにチェックを入れていく。

自分が何を話しているのか途中でわからなくなることを防ぐため、トピックに関する自分の考えを一つひとつ視覚的に確認しながら解答しよう。

❹ 効果的に意見を述べるため、60秒を3つのブロックに分けて話す。

● 自分の主張 (10秒) : I think / agree / disagree that ...
● その理由 (15秒) : It's because ... / The reason why I say so is ...
● 理由の具体例 (30秒) : For example ... / I have a friend who ...

解答の流れ

| S11
【45秒】
準備 | → | 【60秒】
解答 |

意見は「つかみ・つながり・リアリティ」で伝える

英語の世界では、straight to the point（単刀直入）が好まれる一方、結論に至るまでの道筋を、説得力を持って示すことが同時に求められます。TOEICスピーキングテストを含む、多くの英語能力試験に1〜2分で意見を述べるタスクがあるのは、聞き手にわかりやすく主張を展開する能力が、実社会で求められている証拠と言えるでしょう。

まず、意見を述べる際には冒頭の「つかみ」が大切。長い前置きは不要です。賛否を示すのであれば、I agree that ... といった定型表現で構わないので、冒頭で自分の基本スタンスを打ち出します。

次は、主張を支える根拠。A good university is always popular.と主張に対する理由を抽象的に表現したら、なぜpopularなのかを深掘りします。前文のキーワード（例：popular）をテーマにして次の文で広げると、文同士のつながりが生まれ、聞き手が置き去りになりません。

さらに、リアリティでダメ押し。仕事場の近くに住む不利な点として、休日に、行列のできるラーメン屋に入る寸前に会社に呼び出される状況を例にすれば、聞き手の同情を誘い、説得力が増すでしょう。共感を呼ぶエピソードの威力は絶大です。

英語で意見を述べる時は、「つかみ・つながり・リアリティ」を心がけて。拙い言い回しでも、聞き手が「そりゃそうだ」と思えば、あなたの勝ちです。

意見を述べる問題 3つのポイント

1 「意見・理由・具体例の3本柱」を意識しながら話す

　日本語の感覚では、理由や背景事情を説明した後、最後に結論をもってくるのが自然だが、英語ではまず「結論＝自分の意見」を打ち出すのが流儀。そこから「意見に対する理由」を述べて、「それを裏付ける具体例」を続け、自分の意見に説得力をもたせていく。この3つの要素と順番を強く意識しよう。

【英語の流儀】

2 「具体例」は自分の実体験や事実でなくてもいい

　自分の実体験や事実を語ろうとすると、とっさにアイデアを思いつかないこともある。家族や友人が経験したことを語ったり、「同僚がこんなことを言っていた (One of my colleagues said ...)」「ニュースでこんなことを言っていた (I saw the news that said ...)」という伝聞調なら、言葉が出てきやすいかもしれない。あるいは「もし…なら自分は〜する (If ..., I would 〜)」という仮定の話でも構わない。ポイントは、抽象的な話や一般論ではなく、「誰が・いつ・どこで・何をして・どう思ったか」というストーリーを語ることだ。☞ p. 109【Step 2】参照

3 まずはテンプレートに沿って練習、慣れたらアレンジ

　まずはシンプルなテンプレートに沿って練習しよう。テンプレートを暗記して使う利点は、「型」に神経を使わず、「内容」に集中できることだ。決まった「型」に、トピックに合わせた「ネタ」を流し込むようなイメージで練習してほしい。もちろん1つのテンプレートを使い続ける必要はない。慣れてきたら別のフレーズや構文を使うなど、自分流にアレンジしていこう。練習問題の模範解答も参考になるはずだ。　☞ p. 109【Step 3】参照

Step 1 選択式で「意見と理由」を組み合わせよう!

❶ 最初に、トピックに対する意見を「選ぼう」。

Do you agree or disagree with the following statement?

"The Internet is a good educational tool for children."

A: I agree.	**B:** I disagree.

❷ 次に、❶で選んだ意見の理由を1つ「選ぼう」。

A: I agree because ...   **B: I disagree because ...**

1) they can learn a variety of things online.	**5)** there are harmful things to children online.
2) they can learn anytime, anywhere.	**6)** they cannot focus on learning.
3) the Internet is available to almost anyone.	**7)** parents cannot control the information.
4) (your idea)	**8)** (your idea)

❸ ❶と❷を組み合わせて、意見と理由を25秒以内に言ってみよう。

自分の意見 （10秒）	I [agree/disagree] that the Internet is a good educational tool for children.
理由 （15秒）	

❹ もう1つ別の意見を選んで、❸と同様に25秒以内に言ってみよう。

自分の意見 （10秒）	I [agree/disagree] that the Internet is a good educational tool for children.
理由 （15秒）	

❺ これまでに選ばなかった意見を、何も見ないで言えるようになるまで、声に出して練習しよう。これが、Q11における解答の「前半」部分になる。

Step 2 「具体例」を日本語で言う練習

❶ サンプルを見て、A~Eの意見と理由を裏付ける「具体例」を空欄に日本語で書こう。
これが、Q11における解答の「後半」部分になる。　　　　　　　👁 模範解答はp. 111

サンプル： 【意見】インターネットは子どもの良い教材 【理由】いつでもどこでも学習が可能	【具体例】 知人の子どもはスマートフォンで英会話を習っている。場所を選ばず手軽で便利。
A: 【意見】良い教師の資質は学び続ける姿勢 【理由】生徒の良いお手本になる	【具体例】
B: 【意見】家計を切り詰めるなら娯楽費 【理由】今は無料の娯楽がたくさんある	【具体例】
C: 【意見】子どもには携帯電話を持たせるべき 【理由】いざというとき安否確認ができる	【具体例】
D: 【意見】映画は劇場で見るほうがいい 【理由】大勢の観客と感動を共有できる	【具体例】
E: 【意見】パソコンは20年後はなくなっている 【理由】もっと小さい端末が普及する	【具体例】

❷ トピックA~Eの「意見・理由・具体例」を、❶の表を見ながら日本語で40秒以内に言ってみよう。

❸ トピックA~Eの「意見・理由・具体例」を、自由にアレンジして日本語で40秒以内に言ってみよう。

👁 こうしたトレーニングを日本語で行うことで、発想が柔軟になる。

Step 3 テンプレートで60秒スピーチ ●REC

❶ 以下の基本テンプレートを使って60秒間で解答しよう。必ず録音すること。

What is the most important thing for you in choosing a place to stay during your vacation?

- price
- service
- location

基本テンプレート

自分の意見	I think/agree/disagree that ...
理由	
具体例	For example, ... / If I ... / Last week/month/year ... / My friend ...
（時間があれば結論）	For these reasons, I think/agree/disagree ...

❷ 録音した自分の解答を聞き、「意見・理由・具体例」を書いて整理しよう。

自分の意見	
理由	
具体例	

（DL）054

❸ 模範解答を聞き、内容を理解した上で、何も見ないで言えるようになるまで声に出して練習しよう。　　　　　　　　　　　模範解答と訳はp. 111

模範解答と訳

Step 2
● 模範解答 ●
A: 高校の物理の先生はいつも最先端の研究を勉強し、それを授業で話してくれた。その先生を今でも尊敬している。

B: 自分は無料の動画サイトをよく利用する。現代はお金を遣わずにエンターテインメントを楽しめる良い時代だ。

C: 震災の際、子どもと携帯電話で連絡を取れて安心したと言う親がたくさんいた。子どもの無事を確認するツールとして最も頼りになるのが携帯電話だ。

D: 先日、映画館でコメディー映画を見てきた。観客と一緒に大声で笑うのは気持ちが良かったし、思いきり映画を楽しめた。

E: 自分はタブレット型携帯端末を使っているが、非常に便利。ビジネスでも、こうした軽量小型で省エネのタブレットが主流になっていくだろう。

Step 3 (DL) 054

● 模範解答 ●
【意見・理由】I think that service is the most important thing for me because I want to relax as much as possible during my vacation. 【具体例】If I stay at a hotel with poor service, I will keep complaining about the service and will not enjoy my stay. My last vacation was great, thanks to the well-trained hotel staff. 【結論】That is why service is the most important thing for me.

(休暇中はできる限りリラックスしたいので、私にはサービスが最も重要なものに思えます。もしサービスが行き届いていないホテルに滞在したら、サービスに関する文句を言い続けて、滞在を楽しめないでしょう。直近の休暇は、ベテランのホテルのスタッフのおかげで素晴らしかったです。だから私にとって、サービスは最も重要なものなのです)

Q
11
意見を述べる問題

111

Practice

最後に3つの練習問題に挑戦しよう。制限時間を守って解答すること。自分の解答は**必ず録音しよう**。　　　　　　　　　　　模範解答と訳・解説はp. 115参照

Directions: In this section, you will express your opinion on a certain topic. You will be given 45 seconds of preparation time and then 60 seconds to speak. Try to say as much as you can in that time.

【Q1】 055

Which of the following is the most important for you when considering which airline to fly with?

- Airline name
- Flight schedule
- Fare

Use specific reasons and examples to support your answer.

【Q2】 056

Some people like to live near their office while others don't. What are the advantages and disadvantages of living near your place of work? Use specific reasons and examples to support your answer.

【Q3】 057

Do you agree or disagree with the following statement? In the future, medicine will be able to cure all sicknesses. Use specific reasons and examples to support your answer.

自分の解答を書き取ろう！

録音した自分の解答を下欄に書こう。模範解答も音声を聞いて書き取ってみよう。

Q1 自分の解答

模範解答 058

Q2 自分の解答

模範解答 059

Q3 自分の解答

模範解答 **DL** 060

自分の解答を評価しよう！

録音した音声と書き取った解答を基に、下記の項目について評価しよう。

意見を述べる問題の評価ポイント 120点取得には「4つ以上クリア」を目指そう	OKなら ✔ Q1	OKなら ✔ Q2	OKなら ✔ Q3
1. トピックの内容を理解できた	☐	☐	☐
2. 準備時間に「自分の意見」と「理由」を考えられた	☐	☐	☐
3. 解答中に3秒以上、無言になる時間がなかった	☐	☐	☐
4. 「自分の意見・理由・具体例」を全て言えた	☐	☐	☐
5. 「理由」は意見を説明する内容だった	☐	☐	☐
6. 「具体例」は理由を裏付ける内容だった	☐	☐	☐
7. 聞き手の理解を妨げるほどの文法ミスがなかった	☐	☐	☐

Practiceの模範解答と訳・解説

Q1 058

【トピック】利用する航空会社を検討する際、次のうちどれがあなたにとって最も重要ですか。／・航空会社名　・フライトスケジュール　・料金／具体的な理由や例を使って自分の解答を裏付けなさい。

【模範解答】【意見】I always choose the flight schedule.【理由・具体例】I don't want to go to the airport at 3:00 a.m. I would be very sleepy. Also, there are no trains or buses at that time. It is not convenient. I like to fly at lunchtime because I have enough time to get to the airport. When I flew to China at lunchtime last year, it was very easy.【結論】That's why the flight schedule is the most important for me.

(私は常にフライトスケジュールを選びます。午前3時に空港には行きたくありません。眠くてたまらなくなるでしょうから。それに、そんな時間には電車もバスもありません。それでは不便です。私は、時間に余裕をもって空港に行けるので、お昼ごろ飛行機に乗るのが好きです。昨年、お昼ごろに中国に飛行機で向かった際にはとても楽でした。そういうわけで、フライトスケジュールは私にとって最重要なのです)

解説　航空会社を選ぶ際に最も重要なことを3つの選択肢から選ぶ。模範解答では「スケジュール」が選択され、理由として「フライト時刻が早朝だとつらい」、「電車やバスもなくて困る」ことを挙げている。さらに「フライトは昼食の時間帯が最も好ましい」と続け、具体例(=経験談)を述べている。こうして3つから1つを選択した後、自分の選択に関して追加意見を述べたり、その理由や具体例を続けて、意見をさらに発展させることもできる。

Q2 059

【トピック】職場の近くに住むことを好む人もいれば、好まない人もいます。職場の近くに住むことの長所と短所は何ですか。具体的な理由や例を使って自分の解答を裏付けなさい。

【模範解答】【意見】I think that the advantages are that I do not have to travel very far to work.【理由・具体例】Some people have to travel more than 90 minutes and it's very tiring. Also, I wake up later and get home earlier. I do not need to use my car, and I can save money.【意見・理由】A disadvantage is that my boss will always call me to work on the weekend if there is a problem just because I live nearby.

(長所は、職場まで長距離移動しなくて済むことだと思います。通勤時間が90分を超える人もいますが、とても疲れますから。また、ゆっくり起きて帰宅も早くなります。車を使う必要がないのでお金が節約できます。短所は、週末、何か問題が起きた場合に、職場近くに住んでいるというだけの理由で、上司がいつも私を仕事に呼び出すだろうということです)

解説　職場の近くに住むことの長所と短所を答える。長所は「通勤時間が短く、費用のかかる車通勤をしなくて済むこと」。短所は、「家が近いという理由で、週末に仕事で呼び出されるかもしれないこと」。解答時には、長所について話しすぎて、短所を話す時間がなくならない

ように気を付けたい。長所には、「家が近いと緊急時に帰宅しやすい（It's easy to get home in case of an emergency.）」、短所には、「すぐ帰宅できると思い、残業しがちになる（You tend to work longer hours, thinking you can get home quickly.）」なども考えられる。

....

Q3　[DL] 060

【トピック】以下の内容に賛成ですか、反対ですか。将来的には、医学であらゆる病気が治せるようになる。具体的な理由や例を使って自分の解答を裏付けなさい。

【模範解答】【意見】I disagree.【理由】I think there are always some illnesses that medicine just will not be able to cure.【具体例】For instance, my grandmother is taking a medicine, and her doctor told her not to stop taking it.【理由】Also, there might be new illnesses in the future.【具体例】Doctors and researchers will spend many years trying to find cures. They may find some, but not all of them. 【結論】That is why I think that medicine will be able to cure many sicknesses, but not all of them.

（反対です。医学で治せない病気は常にあると思います。例えば、私の祖母は薬を飲んでいますが、彼女の主治医は服用をやめてはいけないと言いました。さらに、将来は新しい病気が出てくるかもしれません。医師や研究者は長い年月をかけて治療法を探そうとするでしょう。彼らはいくつかは発見するでしょうが、全てではありません。これが、私が医学は多くの病気を治すが、全てではないと考える理由です）

解説　「将来、医学は全ての病気を治せるようになる」という意見に賛成か反対かを述べる。模範解答は「反対」で、1つ目の理由は「医学が治せない病気は常にあると思うから」。具体例をFor instance で提示し、Alsoで2つ目の理由につなげている。1つ目の理由のように、自分の体験ではなく、家族や友人のエピソードを借りる手法は常に有効だ。もし「賛成」するなら、「あらゆる病気を治せると思わせるほど、これまでの医学の進歩は劇的で急速だったから（Advances in medicine have been so dramatic and rapid that I'm almost convinced that medicine can cure any disease.）」などとしてもいい。

🔖 Practiceのノートテイキングのメモ例はp. 212を参照。

加点ポイントはこれ！

① 1分間で100語以上話す

1分間で100語以上話すことを目標に練習すれば、内容がかなり充実するはずだ。1分スピーチに慣れてきたら、録音した自分の解答を書き取って、語数をカウントしてみよう。また、同じ単語やフレーズを繰り返していないか、so, wellなどの「間を埋めるための一言」を連発していないかも、合わせてチェックしよう。**1文を長くする必要はない。短く簡潔な文をどんどん繰り出すイメージで話して**ほしい。

② 具体例で個性を出す

テストの採点者（rater）は、1日に何十人分もの「意見を述べる問題」の解答を聞く。似たような意見を聞く中で、個性的なスピーチがあれば採点項目の「内容の妥当性／内容の完成度」に加点したくなるはずだ。個性的な経験談やエピソードが盛り込まれた「その人にしかできないスピーチ」は聞く人を引きつける。

③ 発音・イントネーション・アクセントもレベルアップ

ここでいま一度、相手に伝わりやすい発音になっているか、録音した自分の解答を聞きながら客観的にチェックしてみよう。TOEICのスピーキングテストでは、「**いかにネイティブスピーカーらしく話せるか**」ではなく、「**いかにネイティブスピーカーや、英語に堪能なノンネイティブスピーカーに苦労なく理解してもらえるか**」を評価する。音読問題で挙げた以下のポイントに留意して、発音・イントネーション・アクセントのレベルアップを続けよう。

 ①「意味のまとまり」を意識して、緩急をつける

 ②「内容語と機能語」でトーンを変え、メリハリをつける

 ③英語特有の「母音」や「子音」を正確に発音する。アクセントの位置も重要。

 (p. 24参照)

??? ここが知りたい!! Q&A

Q1 理由はたくさん挙げたほうがいい?

A 理由は1つでOKです。**具体例を十分に展開し**、意見と理由に説得力をもたせるようにしましょう。

Q2 言い出した文を途中でやめて別のことを言い出してもいい?

A 文を途中でやめること自体は問題ありません。ただそれが頻繁だと、「フルセンテンスで話せない人」と評価されてしまう可能性があります。別のことを言いたくなったら、ともかく前の文は終わらせ、That being said（とはいえ）、At the same time（と同時に）、However（けれども）といった**つなぎ言葉をはさんで新しい文を始めましょう**。

Q3 解答の際、いきなり具体例から入ってもいい?

A **いきなり具体例から話し始めることはお勧めしません**。自分の意見 → 理由 → 具体例の順番が鉄則です。「具体例を並べてから結論」ではなく、「何のための具体例か（＝自分の意見と理由）」を先に示すのが英語の流儀です。

パソコンで受験するテストの利点

TOEIC S&Wテストはパソコンを使用して受験するテストです。「聞き手がいないので話しづらい」・「手書きに慣れている」といった理由で苦手に思う人もいるようですが、機械が相手のテストにもメリットがあります。

1. 相手のリアクションを気にせずマイペースで話せる

パソコンで受験するスピーキングテストは、「一人カラオケ」のようなもの。周囲の反応を気にせず自分のパフォーマンスに集中できるので、慣れてしまえば実力を発揮しやすいと言えるでしょう。

2. デジタル社会におけるライティングスキルを発揮できる

近年は、手書きの書類をやりとりする場面はかなり減りました。デジタル社会で求められる英文作成能力には、モニターを見て推敲（すいこう）しながら、スピーディに英文を入力するスキルが含まれます。この能力も合わせて測るのが、パソコンで受験するライティングテストであり、その対策を通じて、実践的なライティングスキルを身に付けることができます。

3. 本番に近い環境での練習が一人でできる

人を介在しないテストであるがゆえ、パソコンとタスク（演習問題）があれば、練習は一人でもできます。本書には、本番形式の「模擬テスト」が2セット収録されているので、ぜひ皆さんのスキルアップに活用してください。その際、録音やノートテイキングも、本番を想定しながら行ってください。

Writing Test

ライティングテストではキーボードで解答を入力するため、タイピングの練習も重要だ。そのためPracticeにはあえて解答欄を設けなかった。取り組む際は必ず時間を測り、解答時間内の入力に挑戦してほしい。

Q1-5 写真描写問題

| Q1
描写文を
作成 | → | Q2
描写文を
作成 | → | Q3
描写文を
作成 | → | Q4
描写文を
作成 | → | Q5
描写文を
作成 |

解答時間は8分間。5問を行ったり来たりできる

▶ ライティングテストの写真描写問題では、与えられた2つのキーワードを使って、画面上のカラー写真を描写する文を作成するタスクが5つ出題される。キーワードは名詞・動詞・前置詞・接続詞が多い。解答時間は8分間で、解答時間内であれば前の問題を見直すことができる。簡潔で、文法的に正しい文を書くことを目標にしよう。

●採点項目：文法／写真と文章の関連性	
採点スケール	採点ポイント
3	以下の特徴を持つ1文で構成されている。 文法的誤りがない。与えられた2つの語（句）を適切に使っている。写真と関連する内容が記述されている。
2	以下の特徴を持つ1文もしくは複数以上の文で構成されている。 文の理解を妨げない程度の文法的誤りが1カ所以上ある。与えられた2つの語（句）を使っている。ただし、1つの文中でなかったり、語形が正確でない。写真と関連する内容が記述されている。
1	以下の特徴のいずれかを示している。 文の理解を妨げる誤りがある。与えられた2つの語（句）の片方、もしくは両方とも使っていない。写真と記述内容の関連性がない。
0	無解答。英語以外の言語で書かれている。英文で使われることのない記号が使用されている。

目標 ! 文法に注意し、柔軟な発想で簡潔に書く

サンプル問題にチャレンジ！　TYPE

　まずは例題に挑戦！　今回は1問にだけ挑戦するので、ディレクションを読み終わったらタイマーを用意して、**1分間で問題に解答しよう**。その際、本番同様にパソコンで解答を作成すると、実際にかかる時間が把握できるのでおススメ。

Directions: In this section, you will look at each picture and write one sentence based on what you see. You must use the two words or phrases provided, but you can use them in any order and in any form. As well as correct grammar usage, you will be scored on how closely each sentence relates to the relevant picture. You will be given 8 minutes to complete this section.

（**ディレクション**：このセクションでは、各写真を見て、それに基づく1つの文を作成します。提供された2つの単語または句を使わなければなりませんが、どのような順番や形で使ってもいいものとします。適切な文法の使用に加えて、各文がその写真にどれだけ密接に関連しているかに基づいて採点されます。このセクションの解答時間は8分間です）

sit / outdoor

Q1-5 写真描写問題

123

自分の解答を評価しよう！

下記の項目について自分の解答を評価しよう。

写真描写問題の評価ポイント 120点取得には「４つ以上クリア」を目指そう	OKなら ✔
1. 1文を1分以内で作成できた	☐
2. 最後に見直しの時間が取れた	☐
3. 文が指定された2つの語句を含んでいる	☐
4. 文が写真に関連している	☐
5. 文法ミスがない	☐
6. スペルミス・タイプミスがない	☐
7. 語句の形は必要に応じて変えてある	☐

模範解答をDictation!

模範解答の音声を聞きながら、下の空所を埋めよう。 DL 061

スクリプト・訳はp. 127

_____ _____ _____ sitting _____ _____ outdoor _____.

写真描写問題 これだけ！リスト

 不要

【ノートテイキング対象】
● 特になし（画面の解答欄をメモ代わりにしてもよい）

❶ 凝った文より「正確な」文を書く。

指定されたキーワードを適切に使いながら5文を8分間で書くのは、案外時間に余裕がない。短くても文法的に正確で誤解されない文を書こう。

❷ Q1-3を手早く、Q4-5はじっくりと。

最初の3問は比較的易しいが、後半2問は接続詞や前置詞句が指定され、難度が上がる。Q1-3に時間をかけすぎず、Q4-5はじっくり取り組もう。

❸ 人物は現在進行形の文、物・風景は位置を表す文で表現する。

人物写真はその動作を現在進行形で、物・風景写真は前置詞で位置関係を表すことを想定しよう。

❹ 接続詞や前置詞句を使う時は、状況を合理的に推測する。

接続詞や前置詞句を使う場合は、写真の状況をイメージし、合理的な推測を基にストーリーを創作するつもりで文を作成しよう。

❺ 見直しは「名詞の単複・冠詞・主述の一致・時制」を中心に。

解答時間のラスト1分は見直しにあてよう。主語は単数か複数か、冠詞は必要か、主語に合った述語になっているか、動詞の時制は適切かに加え、タイプミスもこの段階で修正したい。

解答の流れ

| 【1分】準備 | W1【1分】解答 | W2【1分】解答 | W3【1分】解答 | W4【1.5分】解答 | W5【1.5分】解答 | 【1分】見直し |

写真描写問題 3つのポイント

1 名詞は「主語」または「前置詞句の一部」に使う

指定語句として最も多く登場するのが名詞。まず「主語」に使えないかを検討し、難しい場合は「前置詞句の一部」として使おう。

● 名詞tableの例

[主語] Some tables are occupied.
  (いくつかのテーブルが埋まっている)

[前置詞句の一部] Customers are sitting at the table.
  (客がテーブル席に座っている)

2 前置詞はまず「位置」に使えないか検討する

スピーキングの写真描写問題 (p. 40参照) で学習したことがここで応用できる。ただし、ライティングの写真描写問題では解答時間に余裕がないため、10語前後の簡潔な文を作成することを心がけよう。

3 前置詞と接続詞は「背景事情」を想像する

「理由」や「時の流れ」を表す前置詞・接続詞を使うには、ちょっとした想像力が必要。写真から背景事情を想像・創作して、前後が自然につながる文を考えよう。

● 頻出前置詞・接続詞 ●	
前置詞・前置詞句	使い方
because of / due to / owing to (理由)	〈主語＋動詞〉 **because of** [名詞句] The park is full of people **because of** the festival. (お祭りのため、公園は人でいっぱいだ)
despite / in spite of ... (〜にもかかわらず)	〈主語＋動詞〉 **despite** [名詞句] Workers are repairing the road **despite** the rain. (雨にもかかわらず、作業員は道路を補修している)
in order to ... (〜するために)	〈主語＋動詞〉 **in order to** [動詞] People are waiting in line **in order to** enter the theater. (人々は劇場に入ろうと、列をなして待っている)

接続詞・接続詞句	使い方
because/as/since （理由）	〈主語＋動詞〉 **because** 〈主語＋動詞〉 Women are wearing sunglasses **because** it is sunny. （晴れているので、女性たちはサングラスをしている）
if （もし～なら、～かどうか）	〈主語＋動詞〉 **if** 〈主語＋動詞〉 A shopper is asking **if** she can try on the item. （商品を試着していいか、買い物客が尋ねている）
after/before （～の後で、～の前に）	〈主語＋動詞〉 **after** 〈主語＋動詞〉 A few people are resting **after** they played tennis. （テニスをした後、数人の人が休んでいる）
although / though / even though （～であるにもかかわらず）	〈主語＋動詞〉 **although** 〈主語＋動詞〉 Children are playing outdoors **although** it is snowing. （雪が降っているにもかかわらず、子どもたちが屋外で遊んでいる）
so that （～するために）	〈主語＋動詞〉 **so that** 〈主語＋動詞〉 A man is jogging **so that** he can stay healthy. （健康でいるために、男性がジョギングをしている）
while （～する間に、～する一方で）	〈主語＋動詞〉 **while** 〈主語＋動詞〉 Passengers are chatting **while** they are on a train. （電車に乗りながら、乗客がおしゃべりしている）

Q1-5 写真描写問題

サンプル問題の模範解答のスクリプト・訳

<u>Some</u> <u>people</u> <u>are</u> sitting <u>at</u> <u>the</u> outdoor <u>tables</u>.

（何人かの人々が屋外のテーブル席に座っている）

Step 1 名詞で作文

❶ 以下の写真を描写する文を、指定された「名詞」を使って書いてみよう。

A) chair _____

B) table _____

C) café _____

❷ 模範解答をディクテーションし、さらに音読練習してみよう。　DL 062

A) _____

B) _____

C) _____

❸ 上の写真を描写する文を、「名詞chair」を使い、指定どおりに書いてみよう。

D) 主語として _____

E) 前置詞句の一部として _____

❹ 模範解答をディクテーションし、音読練習してみよう。　DL 063

D) _____

E) _____

模範解答のスクリプト・訳はp. 131参照

Step 2 （位置の）前置詞で作文

❶ 以下の写真を描写する文を、指定された「前置詞」を使って書いてみよう。

A) on _____

B) by _____

C) under _____

D) between _____

E) next to _____

❷ 模範解答をディクテーションし、さらに音読練習してみよう。 DL 064

A) _____

B) _____

C) _____

D) _____

E) _____

📖 模範解答のスクリプト・訳はp. 131参照

Q 1-5 写真描写問題

Step 3 接続詞で作文

❶ サンプルを参考に、指定された「接続詞」を使って文を完成させよう。

【サンプル】

People are gathering in the park because there is a flea market.

（ノミの市があるため、人々が公園に集まっている）

A) People are gathering in the park so that _____

B) People are gathering in the park even though _____

❷ 模範解答をディクテーションし、音読練習してみよう。  065

A) _____

B) _____

❸ 以下の写真を描写する文を、指定された「接続詞」を使って書いてみよう。

C) _____ because _____

D) _____ before _____

❹ 模範解答をディクテーションし、音読練習してみよう。  066

C) _____

D) _____

📖 模範解答のスクリプト・訳はp. 131参照

模範解答のスクリプト・訳

Step 1　(DL) 062

● 模範解答 ●

A) There are many colorful **chairs**. (色とりどりの椅子がたくさんある)

B) All **tables** are unoccupied. (全てのテーブルが空席だ)

C) Nobody is sitting at the outdoor **café**. (屋外カフェには誰もいない)

(DL) 063

D) The **chairs** are in various colors. (椅子はさまざまな色をしている〈主語〉)

E) The tables are surrounded by the **chairs**. (テーブルは椅子に囲まれている〈前置詞句の一部〉)

Step 2　(DL) 064

● 模範解答 ●

A) A laptop computer is **on** the counter. (ノートパソコンはカウンターの上にある)

B) A trash can is **by** a stool. (ゴミ箱はスツールのそばにある)

C) There are some stools **under** the counter. (カウンターの下にいくつかスツールがある)

D) The red stool is **between** the brown stool and the trash can.

(赤いスツールは茶色のスツールとゴミ箱の間にある)

E) There is a lamp **next to** the laptop computer. (ノートパソコンの隣にランプがある)

Step 3　(DL) 065

● 模範解答 ●

A) People are gathering in the park **so that** they can enjoy a town festival.

(町のお祭りを楽しもうと、人々が公園に集まっている)

B) People are gathering in the park **even though** it is early in the morning.

(早朝にもかかわらず、人々が公園に集まっている)

(DL) 066

C) Customers are sitting at the outdoor tables **because** the weather is nice.

(天気がいいので、客たちは屋外のテーブル席に座っている)

D) People are having coffee at the café **before** they go to work.

(出勤前に、人々がカフェでコーヒーを飲んでいる)

Q 1-5 写真描写問題

Practice

最後に5問（1セット）の練習問題に挑戦しよう。タイマーを用意して、全ての設問に合計8分間で解答すること。キーボードを使って解答を打ち込み、後で内容を評価しよう。

模範解答と訳はp. 135参照

Directions: In this section, you will look at each picture and write one sentence based on what you see. You must use the two words or phrases provided, but you can use them in any order and in any form. As well as correct grammar usage, you will be scored on how closely each sentence relates to the relevant picture. You will be given 8 minutes to complete this section.

【Q1】

man / read

[Q2]

bottle / on

[Q3]

stand / while

【Q4】

luggage / because

【Q5】

exercise / in order to

自分の解答を評価しよう!

打ち込んだ解答を基に、下記の項目について評価しよう。

写真描写問題の評価ポイント 120点取得には「4つ以上クリア」を目指そう	OKなら ✓ Q1	OKなら ✓ Q2	OKなら ✓ Q3	OKなら ✓ Q4	OKなら ✓ Q5
1. 1文を1分以内で作成できた	☐	☐	☐	☐	☐
2. 最後に見直しの時間が取れた	☐	☐	☐	☐	☐
3. 文が指定された2つの語句を含んでいる	☐	☐	☐	☐	☐
4. 文が写真に関連している	☐	☐	☐	☐	☐
5. 文法ミスがない	☐	☐	☐	☐	☐
6. スペルミス・タイプミスがない	☐	☐	☐	☐	☐
7. 語句の形は必要に応じて変えてある	☐	☐	☐	☐	☐

Practiceと模範解答と訳

 067

【Q1】 A man is reading a newspaper.(男性が新聞を読んでいる)

【Q2】 There are some bottles on the table.(テーブルの上に何本かの瓶が置いてある)

【Q3】 A man is standing while he is fueling his car.
（車に燃料を入れながら、男性が立っている）

【Q4】 The people have a lot of luggage because they are going on vacation.
（休暇に出掛けるため、人々は多くの荷物を持っている）

【Q5】 The man is exercising in the park in order to lose weight.
（体重を落とそうとして、男性が公園で運動している）

解説　Q1は2つの語句を主語と動詞に使い、目的語（a newspaper）を足している。Q2は前置詞onをボトルの位置描写に使っている。Some bottles are on the table. もOK。Q3は接続詞while（〜する間に）の使い方がポイント。車に燃料を入れる動作と、立っている動作をwhileでつなげる。Q4の接続詞becauseを使うには、「休暇に出掛ける」、「旅行中」といった理由が必要だ。Q5は目的を表すin order toの使い方がカギ。to不定詞の後の動詞は常に原形だ。

Q1-5 写真描写問題

加点ポイントはこれ！

① 文法・スペル・タイプミスを限りなくゼロに

2つしかない写真描写問題の採点項目のうち、1つが「文法」だ。文法ミスがなければ、採点スケール3（最高点）を狙える。ミスを最小限にするには、「最後に5文を一気に見直す時間を取ること」と「普段から自分の書いた英文を自分でチェックする習慣を付けること」が大切だ。

② 1文につき10語以上書く（よう心がける）

「複雑な文や長い文を書いても加点されない」とされているが、限られた時間内に、文法的に正しい10語以上の文を書ける受験者は、同じ課題に対して5、6語の文しか書けない受験者よりライティングスキルが高いと評価されるはず。普段の練習から1文につき10語以上書くことを自分に課そう。また著者のこれまでの受験経験から、後半の2問は10語以上使ったほうが写真に合った文を創作しやすいようだ。

③ 構文に多様性をもたせる

接続詞を使うよう指定されない限り、ほとんどの問題は<主語＋動詞>が1セットの「単文」で用が足りる。加点を狙うなら、単文で書けるところをあえて複文で書くのも一案だ。分詞も積極的に使おう。ただし、「（そこまで凝ると）時間内に書けない・文法に自信がない」場合には不要な減点を避けるため、シンプルな単文でまとめることをお勧めする。

●オリジナル（単文）

Some people are <u>sitting</u> at the <u>outdoor</u> tables.
（何人かの人々が屋外のテーブル席に座っている）

●アレンジ後（複文）

Some people are <u>sitting</u> at the <u>outdoor</u> tables while they are enjoying coffee.（コーヒーを楽しみながら、何人かの人々が、屋外のテーブル席に座っている）

●アレンジ後（分詞で名詞を修飾）

The people <u>sitting at the</u> <u>outdoor</u> tables are frequent customers.
（屋外のテーブル席に座っている人々は、常連客だ）

??? ここが知りたい!! Q&A

Q1 勝手に話を作ってもいい?

A 写真の中で展開するストーリーを作るのは、むしろ**解答作成に必要なスキル**です。接続詞がキーワードになっている場合は「理由」や「時の流れ」を想像して、前後が自然につながる文を考えましょう。

Q2 具体的な名称が浮かばない場合、抽象名詞に言い換えてもいい?

A スピーキングの写真描写問題と同様に、そのものズバリを指す単語が出てこない場合は、**その単語が入る「グループを表す単語**（例：photocopier〈コピー機〉→ office equipment〈オフィス機器〉）」や「**抽象度の高い単語**（例：trekking〈トレッキング〉→ outdoor activity〈野外活動〉）」に置き換えても**OK**です。

Q3 文は長ければ長いほうがいい?

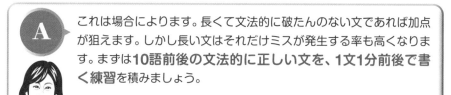

A これは場合によります。長くて文法的に破たんのない文であれば加点が狙えます。しかし長い文はそれだけミスが発生する率も高くなります。まずは**10語前後の文法的に正しい文**を、**1文1分前後で書く練習**を積みましょう。

Q6-7 Eメール作成問題

Q6	Q7
10分解答 Eメールを読み返信を作成	**10分解答** Eメールを読み返信を作成

▶ Eメール作成問題には、50語前後のEメールを読み、指示に沿った返信を**10分以内**で書くタスクが2つある。提案や質問など**3つの項目を含める**よう指示されるため、発想力も必要。解答時間には**余裕がない**と思ってほしい。用件を正確に伝える簡潔なビジネスEメールを書くのが目標だ。

	●採点項目： 文章の質と多様性／語彙／構成
採点スケール	**採点ポイント**
4	全ての課題を的確にこなし、設問で要求された情報、指示、質問を複数の文を使って明確に伝えている。筋の通った文章にするために一貫した論理構成で文章を構築する、または、適切な接続語を使用する、のうち、片方または両方がなされている。文体や言葉遣いが返信先にふさわしい。文体や語法の誤りが2、3あるが、言いたいことがわからなくなるほどではない。
3	解答内容はよくできているが、設問で要求された課題の1つが基準に達していない。課題のうち1つを抜かしたり、うまく答えていなかったり、解答が完結していない。少なくとも部分的には論理的な文章構成を試みたり、接続語も適切に使用している。返信する相手のことが一応念頭にある。文法や語法に目立った誤りが見られる。誤りがあるために言いたいことがわからなくなる1文がある。
2	いくつか不十分な点がある。1つの課題にしか答えていないか、2つまたは3つの課題に対応しているものの、いずれの課題も不十分もしくは完結していない解答である。考えがうまく関連付けられていない、もしくは関連が明確でない。返信する相手のことをほとんど意識して書いていない。文法や語法に誤りがあるため、言いたいことがわからなくなる文が2文以上ある。
1	重大な問題があり、設問で要求された情報、指示、質問をほとんど、もしくは全く伝えていない。設問と関連のある内容を少し含むものの、課題を1つもこなしていない。考えがうまく関連付けられていない、もしくは関連が明確でない。文体や言葉遣いが返信する相手に適切でない。文体や語法の誤りが頻繁にあり、ほとんどの場合、言いたいことが理解できない。
0	設問に出てくる言葉をそのまま写している。テーマを無視している、あるいはテーマと関連していない解答である。英語以外の言語で書いている。意味のない記号を使用している、または無解答。

目標！ テンプレートや使える構文をフル活用して3つの課題に簡潔に答える！

サンプル問題にチャレンジ！

TYPE

まずは例題に挑戦！ **タイマーを用意して、10分間で以下の問題に解答**しよう。その際、本番同様にパソコンで解答を作成すると、実際にかかる時間が把握できるのでおススメ。

Directions: In this section, you will read and respond to e-mail messages. Each of your responses will be scored on the variety and quality of the sentences in addition to vocabulary and organization. You will be given 10 minutes to read and write a response to each message.

（**ディレクション**：このセクションでは、Eメールのメッセージに読んで返信します。各返信は、文の質と多様性、語彙、構成に基づいて採点されます。解答時間は10分間です）

（Eメールはパソコン画面に表示される）

Directions: Read the e-mail below. (下のメールを読みなさい)

From:	Louise Williams – CEO
To:	Amelia Bennett – Head of Personnel
Subject:	Staff Morale
Sent:	February 17

I have just finished reading the yearly staff performance reviews. There seems to be a lack of motivation to work hard and to learn new skills. What can be done about this? I'd like to hear your ideas.

Directions: Respond to the e-mail as if you are Amelia Bennett, the head of personnel. In your e-mail, make TWO suggestions and ask ONE question.

Q
6
-
7
E
メ
ー
ル
作
成
問
題

自分の解答を評価しよう！

打ち込んだ解答を基に、下記の項目について評価しよう。

Eメール作成問題の評価ポイント 120点取得には「4つ以上クリア」を目指そう	OKなら ✔
1. Eメールの内容を理解できた	☐
2. 解答時間内に返信Eメールを作成できた	☐
3. 3つの課題全てに答えている	☐
4. 課題の解答はEメールの内容に関連している	☐
5. 意味が伝わらないほどの文法・語法ミスはない	☐
6. つなぎ言葉を使っている	☐
7. 使用構文が多様である	☐

模範解答をDictation！

模範解答の音声を聞きながら、以下の空所を埋めてみよう。 068

---

1. _____ Louise,

2. _____ the staff morale.

3. _____ , why don't we offer bonuses to employees who work hard and get good results? I think this will increase employee motivation.

4. _____ , how about holding more workshops? We can offer workshops on customer service, team building, and people skills.

5. _____ , how much money can I spend on bonuses and workshops? If you agree with my ideas, I need to know how much money is available to spend.

6. _____ ,
Amelia

サンプル問題の訳と模範解答のスクリプト・訳

● サンプル問題の訳 ●
送信者：ルイーズ・ウィリアムズ―CEO（最高経営責任者）
あて先：アミーリア・ベネット―人事部長
件名：社員の士気／**送信日**：2月17日
たった今、年次社員能力評価を読み終わったところです。一生懸命仕事をし、新しいスキルを学ぶという意欲が欠けているようです。この件に関して何ができますか。あなたのアイデアを聞かせてください。
ディレクション：アミーリア・ベネット人事部長になったつもりで、Eメールに返信しなさい。メールの中で、提案を2つ、質問を1つしなさい。

● 穴埋め問題の解答 ●
1. Dear　**2.** I received your e-mail about　**3.** First　**4.** Second　**5.** Finally
6. Sincerely

 068

● 模範解答のスクリプト・訳 ●
Dear Louise,

I received your e-mail about the staff morale.
First, why don't we offer bonuses to employees who work hard and get good results? I think this will increase employee motivation. Second, how about holding more workshops? We can offer workshops on customer service, team building, and people skills. Finally, how much money can I spend on bonuses and workshops? If you agree with my ideas, I need to know how much money is available to spend.

Sincerely,
Amelia

ルイーズさま／社員の士気に関するメールをいただきました。
第1に、一生懸命働いて結果を出している社員にボーナスを支給してはどうでしょう。これで社員の意欲が高まるだろうと思います。第2に、ワークショップをもっと開催するのはどうでしょうか。顧客サービスやチーム育成、対人スキルのワークショップを開催できるでしょう。最後になりますが、ボーナスやワークショップに使える金額はいくらでしょうか。私のアイデアにご賛同いただけましたら、使える金額がいくらなのかを知っておく必要があります。
よろしくお願いいたします。／アミーリア

🎧 音声にオーバーラップして英文を読んだり、音読したりしてみよう。

Eメール作成問題 これだけ！リスト

【ノートテイキング対象】
推奨
● 返信内容に関する3つのポイント（＝アイデアメモ）

❶ ヘッダーや本文からEメールの「背景」を推測する。

「受信者＝自分」であり「自分が当事者である」という感覚を持つと発想が豊かになるはずだ。

❷ 3つの課題に対するアイデアは事前に全て出しておく。

内容の重複を防ぐため。あらかじめアイデアをメモするか画面に入力してから書き始めよう。

❸ 「課題の完遂」が最優先。1課題につき1〜2センテンスに抑える。

長い文を書こうとしたり凝った構文やフレーズを使おうとしたりすると、時間切れのリスクが高まる。1課題につきセンテンスは2つ以内に抑え、時間が余ったら説明を追加してもよい。

❹ 箇条書きは避け、つなぎ言葉を使おう。

文章構成力を問う本テストでは、以下のようなつなぎ言葉を駆使して流れのある文章を書こう。

● 最初の項目：First, First of all, For starters
● 2つ目の項目：Second, Also, In addition
● 最後の項目：Finally, Lastly, Last but not least

解答の流れ

W6 【1分】 準備	→	【8分】 解答	→	【1分】 見直し	→	W7 【1分】 準備	→	【8分】 解答	→	【1分】 見直し

Eメール作成の流れ

同僚同士など親しい
間柄では、Mr. のよ
うな敬称は不要。
なおファーストネーム
に敬称は付けない。

または
I received your e-mail about ... など

Dear Mr./Ms. （1つ目のEメールの送信者のファミリーネーム）

Thank you for your e-mail about .... （あいさつ）

（1つ目の課題）

（2つ目の課題）

（3つ目の課題）

箇条書きは避ける。
First, Second, Finally, Also,
In addition などの
つなぎ言葉を適宜使用する。
項目ごとに改行する必要はない。

Best regards, / Sincerely, / Thanks, （締めのあいさつ）
　送信者の名前
　　（＝1つ目のEメールの受信者、または自分・架空の名前）

締めのあいさつと
送信者の名前は、
先にまとめて入力
しておくと安心

1つ目のEメールの受信者がCustomers,
Employees, Membersなどの「総称」の
場合、返信メールの送信者名は自分で決める

Eメール作成問題　3つのポイント

1 テンプレート部分を速く入力できるようにする

　10分以内にEメールを読み、返信を作成するには、用件を簡潔に伝える英文を書く必要がある。**基本となるテンプレート部分を速く入力できる**ようにすれば、それ以外の部分（例：3つの課題に対するアイデア）に時間を多く割ける。　次ページ【Step 1】参照

2 課題タイプ別に「使える構文」を覚える

　課題にはsuggestion（提案）、question（質問）、problem（問題）、request（要望）、a piece of information（情報）などがある。タイプ別に「使える構文」を覚え、適宜使おう。
p. 146【Step 2】参照

3 ビジネスEメールにふさわしい表現を「仕入れる」

　"business email sample"といったキーワードでGoogle検索すると、ビジネスEメールのテンプレートがたくさんヒットする。こうしたネイティブスピーカーがお手本にするEメールから、使いたい表現や様式を「仕入れる」のも一案だ。

【参考になるサイトの一例】
● How to Write a Business Email
http://esl.about.com/od/businessenglishwriting/a/bizdocs_3.htm

● How to Write a Formal Email
http://www.wikihow.com/Write-a-Formal-Email

Step 1 テンプレート入力練習！

❶ サンプル問題のヘッダー情報を基に、返信メールのテンプレート部分（下線部）を穴埋めしよう。

●受信メール

> **From:** Louise Williams – CEO
> **To:** Amelia Bennett – Head of Personnel
> **Subject:** Staff Morale
> **Sent:** February 17

●返信メール

1. _____, (1つ目のEメールの送信者)
2. _____ (あいさつ)

（1つ目の課題）
（2つ目の課題）
（3つ目の課題）

3. _____ (締めのあいさつ)
4. _____ (送信者の名前)

❷ テンプレート部分を音読練習し、音声にオーバーラップして読む。 **DL** 069

❸ 完成したテンプレート部分を、パソコンのキーボードで入力練習する。必ず所要時間を測り、記録しよう。目標タイピング時間は**30秒以内**。

1回目	2回目	3回目	★最終目標★
			30秒以内

❹ 147ページからのPractice問題のヘッダー情報を基に、テンプレート部分を30秒以内で入力する練習をする。

【模範解答】
1. Dear Louise   **2.** I received your e-mail about the staff morale.   **3.** Sincerely,
4. Amelia   ※あて名をMs. Williams、送信者をAmelia Bennettとしてもいい。

Step 2 課題タイプ別「使える構文」!

❶ 音声を聞いて、課題タイプ別の使える構文を完成させよう。

📖 解答と訳はp. 151参照

【A】Suggestion 提案 〔DL〕070

1. _____ post the announcement on the company Web site.
2. _____ asking local universities and calling for volunteers?
3. _____ providing weekly workshops.

【B】Question 質問 〔DL〕071

1. _____ bring my family to the event?
2. _____ who will speak at the upcoming seminar.
3. _____ come to the office earlier than usual?

【C】Problem 問題 〔DL〕072

1. _____ the delivery. One of the items arrived broken.
2. _____ the room is too small for the event.
3. _____, I'm not available on that day.

【D】Request 要望 〔DL〕073

1. _____ send me a catalogue and price list?
2. _____ you could check the status of my order.
3. _____ postpone our meeting until next month?

【E】A piece of information 情報
決まった構文はない。浮かんだアイデアを英語に置き換えよう。

❷ ❶で完成させたA~Dの構文を音読練習し、音声にオーバーラップして読む。

〔DL〕070-073

❸ A~Dの構文をキーボードで入力練習する。

Practice

A TYPE

最後に3つの練習問題に挑戦しよう。タイマーを用意して、各問題に**それぞれ10分間で**解答すること。キーボードで入力し、解答後に内容を評価しよう。

🔖 訳と模範解答はp. 149参照

Directions: In this section, you will read and respond to e-mail messages. Each of your responses will be scored on the variety and quality of the sentences in addition to vocabulary and organization. You will be given 10 minutes to read and write a response to each message.

【Q1】【⏱ 制限時間10分】

Directions: Read the e-mail below.

From: Jim Abbott – Head Librarian

To: All Library Staff

Subject: Book of the Month

Sent: May 2

It is time again for everyone to nominate a book that we have read recently for our monthly "Book of the Month" campaign. Which book do you wish to nominate, and why?

Directions: Respond to the e-mail as if you are a librarian at the city library. In your e-mail, give ONE suggestion and TWO pieces of information.

Q6-7 Eメール作成問題

【Q2】 【⊘制限時間10分】

Directions: Read the e-mail below.

From: Sally Armstrong – Armstrong Newsagents
To: All newspaper subscribers
Subject: Delivery charge increase
Sent: July 8

I am writing to inform you that from next week, the delivery fee for your daily morning newspaper will increase from $2.00 a week to $2.50. Please contact me if you have any questions or comments.

Directions: Respond to the e-mail as if you receive a daily newspaper delivery to your home. In your e-mail, ask ONE question and explain TWO problems.

【Q3】 【⊘制限時間10分】

Directions: Read the e-mail below.

From: Janice Acott – CEO, Rexton Advertising Services
To: Leslie Owen – Personal Assistant to the CEO
Subject: Australia Visit
Sent: October 15

Leslie,

I am due to depart for the International Sales & Marketing Conference to be held in Sydney, Australia, on October 27. However, I have not yet heard about my travel arrangements and accommodation. Can you provide the information?

Directions: Respond to the e-mail as if you are Leslie Owen, the personal assistant to the CEO. In your e-mail, give THREE pieces of information.

自分の解答を評価しよう!

打ち込んだ解答を基に、下記の項目について評価しよう。

Eメール作成問題の評価ポイント 120点取得には「4つ以上クリア」を目指そう	OKなら ✔ Q1	OKなら ✔ Q2	OKなら ✔ Q3
1. Eメールの内容を理解できた	☐	☐	☐
2. 解答時間内に返信Eメールを作成できた	☐	☐	☐
3. 3つの課題全てに答えている	☐	☐	☐
4. 課題の解答はEメールの内容に関連している	☐	☐	☐
5. 意味が伝わらないほどの文法・語法ミスはない	☐	☐	☐
6. つなぎ言葉を使っている	☐	☐	☐
7. 使用構文が多様である	☐	☐	☐

Practiceの訳と模範解答

【Q1】

送信者：ジム・アボット —— 図書館長／**あて先**：図書館員各位

件名：今月の1冊／**送信日**：5月2日

毎月恒例の「今月の1冊」キャンペーンのために、各人が最近読んだ本を推薦する時期がまた来ました。推薦したいのはどの本で、理由は何ですか。

ディレクション：市立図書館の職員になったつもりでEメールに返信しなさい。メールには提案を1つ、情報を2つ入れなさい。

【模範解答】 074

> Jim,
>
> Thank you for your e-mail.
> I would like to recommend a book called *Evergreen*. It is written by Kate Watson. It is very good. The book is about 300 pages long and was published last year. The story is about a young girl who meets a prince and lives with him in his castle. It is a nice story for young children. I hope you like this book, too.
>
> Best regards,
> *Your name*

ジムへ／Eメールをありがとうございました。

【提案】私は『エバーグリーン』という本を推薦したいと思います。著者はケイト・ワトソンです。とてもいい本です。【情報1】この本は約300ページの長さで、去年刊行されました。【情報2】ストーリーは、王子様と出会って、彼とお城で暮らす女の子に関するものです。小さな子どもにちょうどいいお話です。あなたにも気に入ってもらえることを願います。よろしくお願いします。／あなたの名前

　解説　本の推薦依頼に対する返信。【提案】で本の紹介、【情報1】でページ数と刊行時期、【情報2】であらすじを紹介している。自分が実際に読んだ本を挙げてもいいし、架空の本について書いても構わない。模範解答のように、情報を2つ並べるときは、つなぎ言葉を使わない選択もできる。*Your name*の部分には、自分の名前を書いても架空の名前を書いてもいい。

【 Q2 】

送信者：サリー・アームストロング——アームストロング新聞販売店

あて先：新聞購読者各位／件名：配達料金値上げについて／送信日：7月8日

来週より日刊の朝刊紙の配達料金が週2ドルから2ドル50セントに上がることをお知らせするため、Eメールを書いております。ご質問やご意見がありましたら私あてにご連絡ください。

ディレクション：自宅に日刊紙を配達してもらっているつもりでEメールに返信しなさい。メールの中で、質問を1つして、問題を2つ説明しなさい。

【模範解答】　 075

> Ms. Armstrong,
>
> I received your e-mail about the delivery charge increase.
> First of all, why is the price going to increase? I need a clear explanation. I'd like to point out that my newspaper is always late in the morning. I have to leave my house at 7 a.m., but my newspaper always arrives after that time. In addition, your delivery person always forgets to close my front gate. Someone in my family has to close the gate every day. Please do something about it.
>
> Best,
> *Your name*

アームストロングさま／配達料金値上げに関するEメールを受け取りました。／【質問】まず、どうして料金が上がるのでしょうか。明快なご説明が必要です。【問題1】うちの新聞はいつも朝遅い時間に届くことを指摘させていただきます。私は午前7時に家を出なければなりませんが、新聞はいつもその時間より後に届くのです。【問題2】加えて、お宅の配達員はいつもうちの表門を閉め忘れます。家族のうちの誰かが毎日門を閉めなくてはなりません。どうにかしてください。／よろしく。／あなたの名前

　解説　新聞購読者への値上げの告知に対する返信。【質問】ではwhyを使った疑問文で値上げの理由を尋ね、【問題1】では朝、出掛ける前に新聞が届かないこと、【問題2】では配達員が表門を閉め忘れることを述べている。First of allやIn additionといったつなぎ言葉を使うことで、「問

題が複数あり困っている」という気持ちが効果的に伝わる。最後の1文Please do something about it.（どうにかしてください）は、要望を伝える際の締めに使える定型文。

【Q3】

送信者：ジャニス・エイコット ── レクストン広告サービス社CEO（最高経営責任者）
あて先：レスリー・オーウェン ── CEO個人秘書
件名：オーストラリア出張／**送信日**：10月15日
レスリーへ／私は10月27日に、オーストラリアのシドニーで開かれる国際販売・マーケティング会議に向けて出発することになっています。ですが、出張手配や宿泊先についてまだ聞いていません。情報をもらえますか。
ディレクション：CEOの個人秘書であるレスリー・オーウェンになったつもりでEメールに返信しなさい。メールには情報を3つ載せなさい。

【模範解答】 076

Ms. Acott,

Thanks for the e-mail. Your flight to Sydney departs at 11 a.m., and you will be flying with Pacific Airlines. A driver will meet you at the airport in Sydney, and take you to your hotel. You will stay at the Riverside Hotel for three nights. It is a five-star hotel, so you can enjoy your stay comfortably.

Thank you,
Leslie

エイコットさま／メールをありがとうございます。【情報1】シドニー行きの便は午前11時発で、パシフィック航空にお乗りいただきます。【情報2】シドニーでは空港で運転手が出迎え、ホテルまでお連れします。【情報3】リバーサイド・ホテルに3泊していただきます。五つ星ホテルなので、快適にお過ごしいただけるでしょう。／よろしくお願いします。／レスリー

解説 旅程の問い合わせに対する返信。課題となっている3つの情報は、模範解答では【情報1】フライト情報、【情報2】空港での送迎、【情報3】宿泊先情報に関するもの、となっている。自分が出張するならどんな行動を取るか、イメージできるとアイデアが出やすい。この模範解答ではつなぎ言葉は使用していないが、同一項目（例：情報）を羅列するタイプのタスクでは、それで問題ない。

Step 2の解答と訳

 070-073

【A】 **1.** It's a good idea to （社内サイトに告知を掲示するのはいいアイデアです）

　　2. How about （地元の大学に頼んで、ボランティアを募集してはどうでしょう）

　　3. The best way to solve the problem is by
　　　　（問題解決の最善策は、毎週ワークショップを開くことです）

【B】 **1.** Is it possible for me to (そのイベントに、自分の家族を連れていくことはできますか)

　　　2. I'd like to know (今度のセミナーで誰が講演するか知りたいのですが)

　　　3. Can I (私はいつもより早く出社できますか)

【C】 **1.** I have a problem with (配達に問題がありました。品物の1つが壊れて届いたのです)

　　　2. I'd like to point out that (その部屋は、イベント用には狭すぎると指摘したいと思います)

　　　3. Unfortunately (残念ですが、その日は空いていません)

【D】 **1.** Can you (私にカタログと価格表を送ってもらえますか)

　　　2. I'd appreciate it if (私の注文状況を確認していただければ幸いです)

　　　3. Would it be possible to (私たちの会議を来月まで延期するのは可能ですか)

加点ポイントはこれ!

① メール作成は8分以内、見直し時間を取る

　3つの課題全てに答えるためにスピードを優先するとはいえ、文法ミスやスペルミスが少ないに越したことはない。解答時間を1、2分残して見直す習慣を付けたい。

② 接続詞を使った複文を書く

　2つ以上の節（主語と述語動詞）が接続詞でつながる「複文」は、採点ポイントの1つである「文章の質と多様性」の面で評価される。理由を表すbecause、逆接を表すalthough、対比を表すwhile、条件を表すifなどはEメールで使いやすいので、積極的に取り入れよう。

③ 課題に対するアイデアをより具体的に提示

　解答時間は10分間と短いため、「Eメール作成問題 これだけ! リスト」では、1つの課題に対して1、2センテンスに抑えることをお勧めした。しかし初級者と中・上級者の差が出る・出せるのもココ。時間に余裕があれば、課題によっては3センテンスまで内容を膨らませよう。

●オリジナル (2文)

Second, how about holding more workshops? We can offer workshops on customer service, team building, and people skills.

●アレンジ後 (3文)

Second, how about holding more workshops? We can offer workshops on customer service, team building, and people skills. **I know some people who could be good lecturers for our workshops.**

??? ここが知りたい!! Q&A

Q1 箇条書きより普通の文のほうがいい?

A 実際のビジネスの場面では、むしろ簡潔な箇条書きが好まれることも
あるでしょう。しかし**S&Wテストのライティングセクション
ではNG**。できるだけ「書ける自分」をアピールしましょう。日常業
務の感覚で、箇条書きですらすらEメールを作成したところ、予想以上に低いス
コアが出て驚いたという商社マンを著者は知っています。

Q2 難易度の高い単語を入れたほうがいい?

A **「適切に使える確信があるなら」**という条件付きでYesです。E
メール作成問題の採点基準には「語彙」が入っています。ビジネスに
ふさわしい、難度の高い単語が文法的に正しくかつ文脈に合った意味
で使われていれば、加点されます。**使い方に自信がない場合は、使い慣れた
単語を使うことをお勧めします。**

Q3 テンプレートはどのくらい変えるべき?
（親しさ、急ぎか否か等）

A テンプレートはあくまで基本的な枠組みです。自分で仕立てたストー
リーを基に、想像される相手との親しさや問題の緊急性によって**可能
な限りアレンジ**しましょう。ただし、Eメール問題で**最も大切なの
は「3つの課題に答えること」**です。テンプレートをアレンジする
ことや言い回しに凝っている間に、課題に答える時間がなくなってし
まった、なんてことがないように気を付けてください。

Q8 意見を記述する問題

▶ 意見を記述する問題は、与えられたテーマに対する自分の意見を、**30分以内に300語を目安に記述する**タスクだ。賛成か反対かを述べる・長所と短所を述べる・3つの選択肢から選ぶ・自由意見を述べる、といった出題パターンはスピーキングテストの「意見を述べる問題」と似ているが、ライティングテストではビジネス関連の話題が中心だ。英文エッセイの基本スタイルに沿って、自分の意見を的確に述べよう。

採点スケール	採点ポイント
●採点項目：理由や例を挙げて意見を述べているか／文法／語彙／構成	
5	テーマと課題に正確に取り組んでいる。適切な説明、例、詳細を明確に示し、よく構成され、展開されている。全体がよくまとまり、論理の発展性、一貫性がある。一貫して言語運用能力がある。語彙・語句や文法の些細なミスはあるものの、多様な構文、適切な語彙・語句、慣用的な語法を使っている。
4	十分に説明されていない点は多少あるが、テーマと課題に正確に取り組んでいる。適切な説明、例、詳細を十分に示し、構成も展開もおおむねよい。同じ内容が繰り返されたり、話が脱線したり、つながりがあいまいな箇所がいくつかあるが、全体がよくまとまり、論理の発展性、一貫性がある。言語運用能力があり、多様な構文を使い、幅広い語彙・語句もある。しかし文の組み立てや語形変化、慣用的な語法に、理解を妨げない程度の些細な誤りが時折見られる。
3	ある程度は効果的に、説明、例、詳細を示し、テーマと課題に取り組んでいる。話の関連性が不明瞭な箇所があるが、内容にまとまり、発展性、一貫性がある。正しい文を作成したり語彙・語句を使う力が一定しておらず、その結果、意味が不明瞭になる箇所がある。構文、語彙・語句は正確だが、使えるものに限りがある。
2	テーマや課題を十分に展開させていない。全体の構成も話の関連性も十分ではない。課題に対する結論の根拠や説明に必要な例、説明、詳細の示し方が適切でない、かつ不十分である。語彙・語句の選び方、語形が適切でない。構文、語法の誤りも非常に多い。
1	詳細な説明が全く、もしくはほとんどなく、あったとしても的外れであり、課題に関係があるかどうか判断しかねる対応をしている。全体のまとまり、話の展開とも全くない。構文や語法の重大な誤りが頻繁にある。
0	設問からそのまま言葉を写している。テーマを無視している、あるいはテーマと関連していない解答である。英語以外の言語で書いている。記号を使用している、または、無解答。

目標！「序論・本論1・本論2・結論」の4パラグラフ構成
まずは**200語前後**を目標に

サンプル問題にチャレンジ！ 🅐 TYPE

　例題に挑戦！　タイマーを用意して、30分間で以下の問題に解答しよう。本番同様、パソコンでの解答作成をお勧めする。**スペルチェック機能はオフにしておき**、解答を評価する際にオンにしてスペルミスを確認しよう。また、解答作成が終わったら、**ワードカウント機能で語数もチェックする**こと。

Directions: In this section, you are asked to state, explain, and support your opinion in essay form in response to the given question. Your essay will be scored on how well you support your opinion using reasoning and/or giving examples as well as on grammar, vocabulary, and organization. You will have a total of 30 minutes to plan, write, and revise your response.

（**ディレクション**：このセクションでは、与えられた質問に対して自分の意見を、エッセイの形で述べ、説明し、根拠を挙げてください。作成した解答は、どのくらいうまく理由や例を挙げて意見を裏付けているか、また文法、語彙、構成に基づいて採点されます。構成を考え、書き、見直すための時間は合計で30分間です）

Directions: Read the question below. You have 30 minutes to plan, write, and revise your response. Usually, an essay will contain at least 300 words.

Do you agree or disagree with the following statement?

　　Being self-employed is better than working for a large company.

Use specific reasons and examples to support your answer.

Q8 意見を記述する問題

アイデアメモ欄

自分の解答を評価しよう！

下記の項目について自分の解答を評価しよう。

意見を記述する問題の評価ポイント 120点取得には「4つ以上クリア」を目指そう	OKなら✔
1. トピックの内容を理解できた	☐
2. 意見とその理由を考えてから書き始めた	☐
3. 200語前後書けた（※最終目標は300語以上）	☐
4. 「序論・本論・結論」の3部構成で書けた	☐
5. 意味が伝わらないほどの文法・語法ミスはない	☐
6. つなぎ言葉を使っている	☐
7. 使用構文が多様である	☐

サンプル問題の訳と模範解答

● 問題の訳 ●

以下の質問を読みなさい。構成を考え、書き、見直すための時間は30分間です。通常、エッセイには少なくとも300語以上必要でしょう。

あなたは次の意見に賛成ですか、反対ですか。

　自営で働くのは、大企業で働くよりもいい。

具体的な理由と例を使って、答えの根拠としなさい。

● 模範解答（目標スコア120点）と訳 ● 077
※解答例は200語前後に調整しています

I disagree with the statement. I have a couple of reasons for this. One is that a large company gives better financial security and being self-employed is riskier. Another is that you can learn how to work well with other people at a large company.

For starters, working for a large company is generally more financially secure than being self-employed. The company gives us a regular salary each month. If I am self-employed, my salary will go up and down each month. It is difficult to plan my spending.

Also, you will learn how to work with other people at a large company because there are many other employees. For example, I'm on a project team at my company. I try communicating with team members about different ideas and I learn how to work well with other people. This is an important life skill.

For these reasons, I think that working for a large company is better than being self-employed. It gives me financial security and the chance to work with more people and to learn life skills from them. (181 words)

　私はこの意見に反対だ。これには2つほど理由がある。1つは、大企業からはより経済的安定が得られ、自営はリスクがより大きいこと。もう1つは、大企業ではほかの人たちとうまく協力していく方法を学べることだ。

　まず、大企業で働くことは自営に比べて一般的に経済的な安定が大きい。会社は毎月決まった給料を払ってくれる。もし私が自営業だったら、私の給料は毎月上がったり下がったりするだろう。支出計画を立てるのが難しい。

　また、大企業にはほかに大勢の社員がいるので、他人と協力する方法が身に付くだろう。例えば、私は自分の会社でプロジェクトチームに参加している。私は、チームの仲間とさまざまな意見交換に努め、ほかの人たちと協力する方法を学んでいる。これは重要なライフスキルだ。

　こうした理由から、私は大企業で働くことが自営に勝ると考える。経済的安定と、より多くの人たちと協力して彼らからライフスキルを学ぶ機会が得られるからだ。

🔊 音声にオーバーラップして英文を読んだり、音読したりしてみよう。

Q8 意見を記述する問題

アイデアメモ例

Disagree
large co.

1. financial security
   $: regular vs. 〜〜〜
   self-employed → risky

2. how to work w/ people
   on project:
   communicate, more ideas
   life skill

意見を記述する問題 これだけ！リスト

 必須
【ノートテイキング対象】
● トピックに関する自分の考え（＝アイデアメモ）

❶ いきなり書き始めず、「自分の意見」と「理由2つ」を3分間考え、メモを取る。

❷ 「序論・本論1・本論2・結論」の4パラグラフ構成を基本とする。

> **1** 【序論】自分の意見と本論へのつなぎ（＝理由1・理由2）
> > 自分はこう思う。理由はコレとコレ

> > **2** 【本論1】理由1とその具体例
> > > 理由1はコレ。例えばこんなケース

> > **3** 【本論2】理由2とその具体例
> > > 理由2はコレ。例えばこんなケース

> **4** 【結論】自分の意見と理由1・理由2を言い換えつつ再度示す
> > やっぱりこう思う。理由はコレとコレ。

❸ 解答時間を効率よく使うため、30分を3ブロックに分けて時間配分する。
● アイデア出し（3分）：トピックを理解し、エッセイの全体像を考える
● ライティング（22分）：序論＋本論1＋本論2＋結論
● 見直し（5分）：スペリング・文法など

❹ 「本論1・本論2」を先に書き、後から「序論・結論」を足してもよい。
アイデア出しで自分の考えが明確にまとまっていれば、本論1・本論2から書いた方が時間切れのリスクを減らせる。また、序論・結論を同時に書けば、最初と最後で主張が食い違うミスも防げる。

解答の流れ

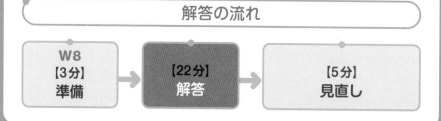

意見を記述する問題 3つのポイント

1 3分間で「意見＋理由1・2」を考える練習をしておく

初めの3分間で、書きたいことの要点をまとめる習慣を付けよう。思いつきで書くと途中で論旨がずれたり、意見と矛盾する理由や具体例を書いてしまうことがある。画面をメモ代わりに「意見＋理由1・2」を最初に入力（文でもキーワードでもOK）し、後から書き足していくと効率がいい。　　　　　　　　　　　　　🖙 次ページの【Step 1】参照

2 具体例は身近なもの・見聞きしたエピソードでもいい

この問題では、スピーキングテストのQ11「意見を述べる問題」で練習したことが応用できる。具体例に関しても、【学習ラウンド Step 2】「具体例」を日本語で言う練習（p. 109）を参考にしてほしい。

3 テンプレートはあくまで「補助輪」

S&Wテストを作成しているETSの研修会で、作成者側はこの問題について、「テンプレートどおりに書こうとか、完璧な文法を目指そうなどとは思わず、1回目の下書きだと思って伸び伸び書いてほしい」と言っていた。テンプレートは書きたいことをより書きやすくするための「補助輪」くらいに思ってほしい。使いこなせるようになったら、自分なりのアレンジを加え、本番では「思ったことを・思ったように・思いきり」書こう。
🖙 p. 165【Step 3】参照

● 「序論・本論1・本論2・結論」のテンプレート（賛否を述べる場合） ●

【序論】
I [agree/disagree] with the statement. I have a couple of reasons for this.
One is that 〈理由1〉. Another is that 〈理由2〉.

【本論1】
For starters, 〈理由1〉. 〈具体例〉.

【本論2】
Also, 〈理由2〉. 〈具体例〉.

【結論】
For these reasons, I think that 〈意見の再提示〉. 〈理由1・理由2の再提示〉.

Step 1 意見＋理由1・2の3分間 brainstorming

　最初のステップは、エッセイを書き始める前に書きたいことの要旨をまとめる練習だ。以下のサンプル問題で手順を確認したら、次ページの**テーマ1～3**に挑戦しよう。必ずタイマーを用意して、制限時間内に答えること。

❶ サンプル問題

　次のテーマについて、「意見＋理由1・2」を手順に従って3分以内で考えよう。一番下の下線部に記号を入れること（自分のアイデアは日本語で書こう）。

" Being self-employed is better than working for a large company."

手順1 ▶ 【意見】どちらかを選ぶ

A: I agree.	B: I disagree.

手順2 ▶ 【理由】2つ選ぶ

A: I agree because ...（賛成）　　　B: I disagree because ...（反対）

1) 勤務する時間や場所を選べる	5) 優秀な同僚から学べる
2) 気を使う上司がいない	6) 福利厚生が充実している
3) 定年がない	7) 仕事を通じて人脈が広がる
4) 自分のアイデア （　　　　　　　　）	8) 自分のアイデア （　　　　　　　　）

➡ 自分の選んだ組み合わせ　【意見】＿＿＿　【理由1】＿＿＿　【理由2】＿＿＿

❷ 以下の3つのテーマにつき、「意見＋理由1・2」を手順に従ってそれぞれ3分以内に考えよう。結果は各空所に**日本語で記入**すること。

🔖 模範解答はp. 166参照

手順 1 ▶【意見】を決める

手順 2 ▶【理由1】【理由2】を考える

テーマ 1 【⏱制限時間3分】

What is the most important strength to be a successful job applicant?
• Relevant experience　• Academic qualifications　• Confident personality
（求職者が採用されるために最も重要な強みは何か。
・関連する経験　・学歴　・自信に満ちた性格）

➡ 【意見】＿＿＿＿＿＿＿＿＿＿＿＿＿＿＿＿＿＿＿＿＿＿＿＿＿＿
　【理由1】＿＿＿＿＿＿＿＿＿＿＿＿＿＿＿＿＿＿＿＿＿＿＿＿＿＿
　【理由2】＿＿＿＿＿＿＿＿＿＿＿＿＿＿＿＿＿＿＿＿＿＿＿＿＿＿

テーマ 2 【⏱制限時間3分】

Do you agree or disagree with the following statement?
　Having a meeting is the best way for employees to communicate ideas.
（以下の意見に賛成か反対か。従業員の意見交換には会議が最善の方法だ）

➡ 【意見】＿＿＿＿＿＿＿＿＿＿＿＿＿＿＿＿＿＿＿＿＿＿＿＿＿＿
　【理由1】＿＿＿＿＿＿＿＿＿＿＿＿＿＿＿＿＿＿＿＿＿＿＿＿＿＿
　【理由2】＿＿＿＿＿＿＿＿＿＿＿＿＿＿＿＿＿＿＿＿＿＿＿＿＿＿

テーマ 3 【⏱制限時間3分】

What are the advantages and disadvantages of using social networking services?
（SNS利用の長所と短所は何か）

➡ 【意見】＿＿＿＿＿＿＿＿＿＿＿＿＿＿＿＿＿＿＿＿＿＿＿＿＿＿
　【理由1】＿＿＿＿＿＿＿＿＿＿＿＿＿＿＿＿＿＿＿＿＿＿＿＿＿＿
　【理由2】＿＿＿＿＿＿＿＿＿＿＿＿＿＿＿＿＿＿＿＿＿＿＿＿＿＿

Step 2 「タイピング筆写」で手に覚えさせる！ 🅐 TYPE

157ページのサンプル問題の模範解答を、「タイピング筆写（＝書いてあるとおりにパソコンに入力する）」しよう。その際、ただ写すのではなく、**構文やその役割も意識する**こと。

各パートの目標時間は1分間に約15語（＝22分間で330語）で設定している。入力後、英文の下の注釈を読んでからさらにもう一度挑戦しよう。

序論

1) I disagree with the statement. I have a couple of reasons for this. 2) One is that a large company gives better financial security and being self-employed is more risky. 3) Another is that you can learn how to work well with other people at a large company.

【46語 ➡ ⏱制限時間3分】

1)「反対」の立場を表明し、続く文で「理由が2つほどある」とする定型表現
2)「1つ目の理由は〜」という定型表現
3)「もう1つの理由は〜」という定型表現

本論1

4) For starters, working for a large company is generally more financially secure than being self-employed. The company gives us a regular salary each month. 5) If I am self-employed, my salary will go up and down each month. It is difficult to plan my spending.

【44語 ➡ ⏱制限時間3分】

4)「まず初めに」と、最初の項目（ここでは理由）が述べられることを示すつなぎ言葉。ほかに、**First, / First of all,** などがある
5)「もし〜なら、〜になるだろう」と、仮定の話を具体例とする手法

Q8 意見を記述する問題

163

【学習ラウンド】

本論2

6) <u>Also</u>, you will learn how to work with other people at a large company because there are many other employees. 7) <u>For example</u>, I'm on a project team at my company. I try communicating with team members about different ideas and I learn how to work well with other people. This is an important life skill.

【55語 ➡ ⏱制限時間3分30秒】

6) 「さらに」と、追加項目（ここでは2つ目の理由）が述べられることを示すつなぎ言葉。ほかに **Additionally, / In addition,** などがある

7) 「例えば〜」と例示が続くことを示すつなぎ言葉。ほかに **For instance** などがある

結論

8) <u>For these reasons,</u> 9) <u>I think that working for a large company is better than being self-employed.</u> 10) <u>It gives me financial security and the chance to work with more people and to learn life skills from them.</u>

【36語 ➡ ⏱制限時間2分30秒】

8) 「これらの理由により」と、結論が続くことを示すつなぎ言葉。ほかに **In sum, / To sum up, / In conclusion, / To conclude,** などがある

9) 序論で提示した自分の意見を再提示している

10) 序論と本論で提示した2つの理由を、言い換えた上で再提示している

📝168ページからのPracticeの3問や、巻末の模擬テストにトライした後、それぞれの解答例も「タイピング筆写」して、手に表現を覚えさせよう。

164

Step 3 テンプレートを使いこなす！ 🅐 TYPE

Step 1の①で考えた「意見＆理由」を、**Step 2**で覚えた頻出表現を使って、テンプレートに沿ってパソコンに入力してみよう。入力22分、見直し5分の配分で、必ず時間を測りながら取り組むこと。　　　　　　　　　　　　　　　　　【 ✅ 制限時間27分】

📖 模範解答と訳はp. 166参照

Directions: Read the question below. You have 30 minutes to plan, write, and revise your response. Usually, an essay will contain at least 300 words.

Do you agree or disagree with the following statement?

　Being self-employed is better than working for a large company.

　Use specific reasons and examples to support your answer.

●テンプレート

【序論】
I [agree/disagree] with the statement. I have a couple of reasons for this.
One is that ＿＿＿＿＿〈理由1〉＿＿＿＿＿ .
Another is that ＿＿＿＿＿〈理由2〉＿＿＿＿＿ .

【本論1】
For starters, ＿＿＿＿＿〈理由1〉＿＿＿＿＿
〈具体例〉If ＿＿＿＿＿, ＿＿＿＿＿ will ＿＿＿＿＿ .

【本論2】
Also, ＿＿＿＿＿〈理由2〉＿＿＿＿＿ .
〈具体例〉For example, ＿＿＿＿＿ .

【結論】
For these reasons, I think that ＿＿＿〈意見の再提示〉＿＿＿ .
＿＿＿＿＿〈理由1〉＿＿＿＿＿ .
＿＿＿＿＿〈理由2〉＿＿＿＿＿ .

模範解答と訳

Step 1

● テーマ1 ●

【意見】関連する経験

【理由1】経験者は仕事を覚えるのが早いから。

【理由2】業界に人脈があり、それを新しい仕事に活用できる可能性が高いから。

● テーマ2 ●

【意見】反対

【理由1】現在はメーリングリストなどの代替手段があるから。

【理由2】会議は長引きがちで効率が悪いから。

● テーマ3 ●

【意見】長所：人とのつながりを感じることができる。　短所：時間を浪費してしまいがち。

【理由1】長所：時間や距離の制約なくやりとりできるから。

【理由2】短所：依存性があるから。

Step 3 (DL) 078

※サンプル問題の解答例（157ページ参照）とは逆の立場の意見です。解答例は200語前後に調整しています。

● 序論 ●

I agree with the statement. I have a couple of reasons for this. 【理由1】One is that you can work whenever and wherever you want if you're self-employed. 【理由2】Another is that you can work as long as you want because there is no retirement age.

● 本論1 ●

【理由1】For starters, you can choose a workplace and the working hours. 【具体例】If you work for a large company, you will have to work from 9 to 5 in the office. You can work more flexibly when you're self-employed. I guess people hate long commutes, so such flexibility is important.

● 本論2 ●

【理由2】Also, you can keep working as long as you want. 【具体例】For example, employees are asked to retire at the age of 65 in Japanese companies, and it's not easy to find another job after you turn 65. On the other hand, you can choose when to retire if you run your own business. If I'm self-employed and my business is successful, I'd like to work as long as I can.

● 結論 ●

【意見の再提示】For these reasons, I think that being self-employed is better than working for a large company. 【理由1の再提示】Being self-employed gives you a lot of flexibility as to when and where to work 【理由2の再提示】and allows for workers to decide when they retire. (205 words)

　私はこの意見に賛成だ。それには2つほど理由がある。1つは、自営なら希望する時間と場所で働くことができる。もう1つは、定年がないので自分が希望するだけ働けることだ。

　まず、職場と労働時間を選ぶことができる。大企業に勤めていたら、オフィスで9時から5時まで働かなければならない。自営ならもっとフレキシブルに働くことができる。長い通勤時間は嫌がられるから、この柔軟性は重要だ。

　また、希望する限りずっと働き続けることができる。例えば、日本企業では社員は65歳で退職するよう求められるけれど、65歳になってから新しい仕事を見つけるのは容易ではない。一方で、自営なら引退の時期を選べるのだ。もし私が自営で、仕事がうまくいっていたら、可能な限り長く働きたい。

　こうした理由から、私は自営は大企業で働くことに勝ると考える。自営なら働く時間と場所の柔軟性が高いし、引退の時期を本人が決められるからだ。

解説　序論では「賛成」の立場を示し、「自営業は好きな時間と場所で仕事ができること」、「定年がないから好きなだけ働けること」の2つを理由としている。本論1の具体例は、if節を使った仮定の話。本論2では日本の定年制度を具体例とし、自営業ならこのような不都合はないとアピール。結論では本論1・2を1文にまとめ、語数と時間を節約している。模範解答は300語以下ながらも文法ミスはなく、論理的に意見を述べているため、高評価が期待できる。

🖋 168ページからのPracticeの3問や巻末の模擬テストは、まずこのテンプレートで書いてみよう。慣れてきたら自分なりにアレンジを加えていこう。

🖋 Practiceや模擬テストの模範解答は、このテンプレートを若干アレンジしてある。163ページのStep 2の「タイピング筆写」の要領で、構文や構成を丸ごとインプットしてほしい。

Q 8 意見を記述する問題

Practice

最後に3つの練習問題に挑戦しよう。タイマーを用意して、各問題にそれぞれ30分間で解答すること。本番同様に、パソコンでの解答作成をお勧めする。**スペルチェック機能はオフにしておき**、解答を評価する際にオンにしてスペルミスを確認しよう。また解答作成が終わったら、**ワードカウント機能で語数もチェックすること。**

📝 訳・模範解答はp. 170参照

Directions: In this section, you are asked to state, explain, and support your opinion in essay form in response to the given question. Your essay will be scored on how well you support your opinion using reasoning and/or giving examples as well as on grammar, vocabulary, and organization. You will have a total of 30 minutes to plan, write, and revise your response.

【Q1】【⏱ 制限時間30分】

Directions: Read the question below. You have 30 minutes to plan, write, and revise your response. Usually, an essay will contain at least 300 words.

> Would you prefer to learn English from a native English teacher or from a nonnative English teacher? Give specific reasons and examples to support your opinion.

【Q2】【⏱制限時間30分】

Directions: Read the question below. You have 30 minutes to plan, write, and re-vise your response. Usually, an essay will contain at least 300 words.

> Which of the following is the most effective way to advertise a new product?
> - Advertising it on the Internet
> - Handing out flyers to people
> - Displaying a poster in a store window
>
> Use specific reasons and examples to support your answer.

【Q3】【⏱制限時間30分】

Directions: Read the question below. You have 30 minutes to plan, write, and re-vise your response. Usually, an essay will contain at least 300 words.

> What are the advantages and disadvantages of renting a home rather than buying a home? Use specific reasons and examples to support your answer.

Q8 意見を記述する問題

自分の解答を評価しよう！

下記の項目について自分の解答を評価しよう。

意見を記述する問題の評価ポイント 120点取得には「4つ以上クリア」を目指そう	OKなら ✔ Q1	OKなら ✔ Q2	OKなら ✔ Q3
1. トピックの内容を理解できた	☐	☐	☐
2. 意見とその理由を考えてから書き始めた	☐	☐	☐
3. 200語前後書けた（※最終目標は300語以上）	☐	☐	☐
4. 「序論・本論・結論」の3部構成で書けた	☐	☐	☐
5. 意味が伝わらないほどの文法・語法ミスはない	☐	☐	☐
6. つなぎ言葉を使っている	☐	☐	☐
7. 使用構文が多様である	☐	☐	☐

Practiceの訳・模範解答

【Q1】

● 問題の訳 ●

あなたは英語を習うならネイティブの英語教師と非ネイティブの英語教師のどちらがいいですか。意見の根拠となる具体的な理由と例を挙げなさい。

● 模範解答（目標スコア120点）と訳 ● (DL) 079

I would prefer to learn English from a nonnative English teacher. If a teacher and a student share the same first language, there are some benefits. 【理由1】 A nonnative English teacher can teach students in their shared first language effectively, 【理由2】 and also, the teacher can be a good role model for the students.

【理由1】 When the students want to ask questions, a nonnative English teacher who speaks the same first language as the students do can explain the answers well. 【具体例】 In fact, my high school English teacher was effective at explaining grammar in Japanese, and I was able to understand the explanations easily.

【理由2】 Additionally, I think that a nonnative English teacher can be a better role model for students. 【具体例】 Although they may make mistakes because they are not native speakers, they can inspire and motivate students with their stories of learning English. They can also give good advice about how to learn English.

【意見の再提示】In conclusion, I would prefer a nonnative English teacher 【理由1 の再提示】because I think it's more effective to be taught by a nonnative English teacher, 【理由2の再提示】and that the teacher can be a good role model for students. (186 words)

> 私は非ネイティブの英語教師から英語を習いたい。教師と生徒の母語が共通だと、利点がいくつかある。非ネイティブの英語教師は、共通の母語で効率よく生徒に教えることができるし、教師が生徒にとっての良い手本となることもできる。
>
> 生徒が質問をしたいとき、非ネイティブ英語教師は同じ母語を話す生徒に対してその答えをうまく説明できる。実際、私の高校の英語教師は日本語で効率的に文法を説明してくれたので、私はその説明を楽に理解できた。
>
> さらに、非ネイティブ英語教師は、生徒にとって良い手本となることができると思う。ネイティブスピーカーでないから間違うこともあるかもしれないが、自らが英語を学んだ話をすることで、生徒を触発し意欲をかき立てることにもなる。英語の学び方に関して役に立つ助言もできる。
>
> 結論として、非ネイティブ英語教師からであれば、より効率的に教わることができ、教師が生徒にとって良い手本になることができると思うので、私なら非ネイティブ英語教師のほうがいい。

解説 序論では「非ネイティブ英語教師」を支持。理由は、教師と生徒が同じ母語を話す場合、「母語で説明できる」、「学習者として良い手本になれる」の2つだ。本論1の具体例は、高校時代の英語教師のエピソードで、本論2は具体例でなく、論理的に理由を説明している。時間に余裕があれば、過去に自分が手本にしたいと思った非ネイティブ英語教師との思い出を書いてもいい。ただし、結論を書く時間は残しておくこと。

【Q2】

● 問題の訳 ●
新製品の宣伝をするためには、以下のうちどれが最も効果的な方法ですか。
・インターネットで宣伝する　・チラシを手渡しで配る　・ショーウインドーにポスターを貼る
具体的な理由と例を使って、答えの根拠としなさい。

● 模範解答（目標スコア120点）と訳 ● 🎧 080

I think that advertising on the Internet is more effective than the other ways and I have several reasons for this. 【理由1】One is that it is quick and simple to create an Internet advertisement. 【理由2】Another reason is that advertisements on the Internet can contain more information than those on flyers or posters.

【理由1】First of all, it is quick and easy to make an advertisement on the Internet. 【具体例】You only need a computer and an Internet connection. Nowadays, there are many free applications we can use to make advertisements. They are often simple to use. Also, when we want to change the advertisement, we can upload a new version.

【理由2】Second, we can put more information on an Internet advertisement than on a flyer or poster. 【具体例】The space on a paper-based advertisement is limited. However, there is almost no limit to the size of an online advertisement. It can have many pages. We can introduce many things about a new product. This is a big advantage for sales and promotion.

【意見の再提示】To sum up, I think that advertising on the Internet is the most effective way to advertise a new product 【理由1の再提示】because it is quick and easy to make 【理由2の再提示】and it can also contain more information. (203 words)

> 私はインターネットでの宣伝がほかの方法に比べて効果的だと考えるが、それにはいくつか理由がある。1つは、インターネット広告は素早く簡単に作成できること。もう1つの理由は、インターネット広告にはチラシやポスターよりも多くの情報を載せられることだ。
> まず1つ目だが、インターネットでは広告が素早く簡単に作成できる。必要なのはコンピューターとインターネット接続だけだ。最近では、広告作りに使うことのできる無料アプリケーションがたくさんある。使い方も簡単なことが多い。それに、広告に変更を加えたければ、新しいバージョンをアップロードすればいい。
> 2つ目として、インターネット広告にはチラシやポスターよりも多くの情報を載せることができる。紙媒体の広告はスペースが限られている。ところが、オンライン広告はサイズがほぼ無制限だ。多くのページをもたせることができる。新製品に関してたくさんのことが紹介できるのだ。これは販売促進における大きな利点だ。
> まとめると、素早く簡単に作成できて、より多くの情報を掲載することもできることから、私はインターネットでの宣伝が新製品の最も効果的な宣伝方法だと考える。

解説 序論では「インターネット広告」を選択。理由は2つで、「広告作成が素早く簡単にできること」と、「情報をより多く掲載できること」。本論1では、無料の広告作成アプリケーションに言及し、簡便さをアピール。本論2では、インターネット広告のページ数が無制限であることを指摘している。うまく具体例が思いつかない場合は、理由をできるだけ論理的に説明しよう。本論1のFirst of all, Also、本論2のHoweverといったつなぎ言葉の使い方にも注目。

【Q3】

● 問題の訳 ●
住宅を購入することと比べたとき、住宅を借りることの長所と短所は何ですか。具体的な理由と例を使って、答えの根拠としなさい。

● 模範解答（目標スコア120点）と訳 ● **DL** 081
【長所1】One advantage of renting a home is that you can move to a new home more easily. 【長所2】Another is that you don't have to pay for any home repairs. 【短所】On the other hand, renting a home can be more costly when the rent increases, and you also never own the home completely.

【長所1】First, renting a home gives a tenant more flexibility. If you don't like your home, you can move to another one easily and quickly. 【具体例】I've rented three different homes during my life. As my lifestyle changed, I could move to a bigger home each time without too much stress.

【長所2】Second, renting a home saves money on repairs and maintenance. The owner of the home has to pay if an appliance breaks down. 【具体例】For example, when the air conditioner stopped working in my apartment one time, the owner contacted the manufacturer and paid for the repairs himself. The cost of repairing things can be very high.

【短所1】On the other hand, the owner of my apartment can increase our rent at any time. 【具体例】If you cannot pay, you must leave the place.

【短所2】Furthermore, if the owner tells us to leave, we must leave. 【具体例】That's quite sad because you might have many happy memories and nice neighbors.

In conclusion, 【長所の再提示】renting a home gives flexibility and saves money, 【短所の再提示】but it can be costly if the rent keeps on increasing. Also the tenants may have to move if the owner tells them to. (240 words)

住宅を借りることの1つの長所は、新しい住居に引っ越すのがより簡単なこと。もう1つは家屋の修繕費を何も払わなくて済むことだ。その一方で、住宅を借りると家賃が上がって費用負担が大きくなることがあるし、住宅が完全に自分の所有になることはない。

まず、住宅を借りるほうが入居者には融通が利く。もし住居が気に入らなければ、気楽にさっさと別の住居に移ることができる。私はこれまでの人生で3軒の違った住居を借りたことがある。ライフスタイルが変化するにつれて、毎回、より大きな住居にあまり大した苦もなく引っ越すことができた。

第2に、住宅を借りると修繕や保守の費用が浮く。電化備品が故障した場合は、家主が支払わねばならない。例えば、以前マンションのエアコンが動かなくなった際には、家主自身がメーカーに連絡して修理費を払ってくれた。物の修理にかかる費用はとても高くなることがある。

その一方で、私のマンションの家主はいつでも家賃を上げることができる。払えなければ、そこを出て行くしかない。

さらには、もし家主が出て行けと言ったら、出て行かなければならない。たくさんの楽しい思い出があったり、仲のいいご近所さんがいたりするかもしれないのだから、これは随分悲しいことだ。

結論として、住宅を借りると融通が利き費用が浮くが、家賃がどんどん上がれば費用がかさみかねない。また、入居者は家主に言われたら転居せざるを得ないことがある。

解説 序論では、長所を「引っ越しがしやすい点」と「修繕費が不要な点」、短所を「家賃が上がったら費用がかかる点」と「家を完全に所有できない点」としている。本論1・2が長所の理由、本論3・4が短所の理由で、さらに結論を加えた6パラグラフ構成だ。長所・短所を論じる問題はエッセイが長くなりがちなので、「欲張らない」ことが大切。長所・短所は1つずつでも構わないし、具体例を出す際もあまり長くしないこと。時間管理が何より重要だ。

🎧 Practiceのノートテイキングのメモ例はp. 213を参照。

加点ポイントはこれ!

① 30分間で250語以上書く

著者のリサーチによると、200語前後でも大きな文法ミスがなく、質問に的確に答えるエッセイが書ければ、ライティングテストで120点以上取れる。**加点を狙うなら、250語以上書くことを自分に課そう。**問題の指示文には「通常、エッセイには少なくとも300語以上必要」とある。30分で300語以上書けるスキルがあれば、150点が射程圏内に入る。語数が多ければ多いほどいいというわけではないが、大きな加点ポイントであることは確かだ。

② 理由を3つ書く

30分で250〜300語書くには、**意見に対する理由を3つ提示する**(パラグラフは5つ)と決めてしまうのも手だ。3つ目の理由として自分の意見と相反する意見の「短所」にふれ、正当性を主張するのもいいだろう。ただし、途中で時間切れになると主張も中途半端になるので、普段から理由を3つ書く練習を積んでおくことが大切だ。

③ 文法のケアレスミスを減らす

文法も採点項目に入っている。本番では、自分でミスを見つけて修正する必要があるため、**日ごろから自分の書いたエッセイを校正する習慣を付けよう。**
【文法の主なチェックポイント】
①主語と述語動詞の一致　②代名詞の数や格　③時制　④前置詞

??? ここが知りたい!! Q&A

Q1 ワード数は何が何でも300以上にするべき?

A 300語以上という「量」にこだわらず、エッセイの「質」を高めることを優先しましょう。著者のリサーチから、200語以下でも意見・理由・具体例が論理的に提示され、文法ミスがほぼなければ、120点以上を取れることがわかりました。まずは簡潔で説得力があり、文法的に破たんのない200語前後のエッセイを30分以内に書くことを目標にしましょう。

Q2 効果的にワード数を増やす方法は?

A わかりやすいのは**パラグラフを増やすこと**です。左ページの加点ポイントでも述べたように、「序論・本論1・本論2・結論」に「本論3」を足し、5パラグラフ構成にすると、ワード数が2割以上増えるはず。**本論1・2の具体例を膨らませる**のも手です。また、30分で300語以上入力するには、タイピングの練習もする必要があります。

Q3 主語の選び方のコツは?

A 「I」を主語にしがちですが、それ以外にすると英文のバリエーションが増します。動名詞(例:working)や無生物(例:company, salary, it)を積極的に主語に使ってみましょう。

【サンプル問題・模範解答・本論1】

For starters, working for a large company is generally more financially secure than being self-employed. The company gives us a regular salary each month. If I am self-employed, my salary will go up and down each month. It is difficult to plan my spending.

175

模擬テスト Mock Test

学習の仕上げに、本番と同じ問題数の模擬テストに挑戦しよう。スピーキングテストは音声を途中で止めずに、解答時間を守って取り組むこと。必ず自分の解答を録音しよう。ライティングテストは解答時間を測りながら受験する。時間感覚をつかむためにも、必ずパソコンで入力しよう。スペルチェック機能は使わないこと。

受験後は、216ページのチェックリストを使って自分の解答の評価を行おう。

Questions 1-2: Read a Text Aloud

Question 1  082

Directions: In this section, look at the text on the screen and read it out loud. You will be given 45 seconds of preparation time and then 45 seconds to read out the text.

> Thank you for calling Northfield Bank Credit Card Services. As we are currently experiencing a high volume of calls, your call has been placed on hold. Please have your credit card details ready, and a customer service representative will answer your call shortly. Once again, thank you for calling Northfield Bank Credit Card Services.

RESPONSE TIME
00:00:45

Question 2 083

> Attention, all passengers! In the interest of safety and security, all passengers are reminded to keep their baggage with them at all times. If you see any unattended items, please report them immediately to a member of the airport security staff. The staff is located throughout the airport in terminals 1, 2, and 3.

RESPONSE TIME
00:00:45

Questions 3-4: Describe a Picture

Question 3 084

Directions: In this section, you will try to give as many details as possible about the picture on your screen. You will be given 45 seconds of preparation time and then 30 seconds to talk about the picture.

```
RESPONSE TIME
00:00:30
```

模擬テスト1 問題

RESPONSE TIME
00:00:30

Questions 5-7: Respond to Questions

 086

Directions: In this section, you will respond to three questions. You will be given 3 seconds to prepare after you hear each question. You will be given 15 seconds to answer Questions 5 and 6 but 30 seconds to answer Question 7.

Imagine that an American marketing firm is doing research in your country. You have agreed to participate in a telephone interview about supermarkets.

Question 5   How far from your home is your local supermarket?

> **RESPONSE TIME**
> 00:00:15

Question 6   What do you like best about your local supermarket?

> **RESPONSE TIME**
> 00:00:15

Question 7   Why do you think some supermarkets ask shoppers to reuse shopping bags?

> **RESPONSE TIME**
> 00:00:30

Questions 8-10:
Respond to Questions Using Information Provided

 087

Directions: In this section, you will use the information provided to answer three questions. You will be given 45 seconds to read all the material before the questions begin. You will be given 3 seconds to prepare after you hear each question. You will be given 15 seconds to answer Questions 8 and 9 but 30 seconds to respond to Question 10. You will hear Question 10 twice.

Royal Park Hotel

Breakfast Menu
1st Floor Dining Room, 6:00 a.m.–9:30 a.m.
Please show your room key to the attendant when entering the dining room!

Continental Breakfast	**American Breakfast**
$5 per guest per day*	$9 per guest per day*
CHOOSE ONE Croissant, Danish Pastry, or Toast	**CHOOSE ONE** Croissant, Danish Pastry, or Toast
CHOOSE ONE Coffee, Tea, or Hot Chocolate	**CHOICE OF EGGS** Two Eggs Fried, Scrambled, or Poached served with Ham, Sausage, Bacon, & Hash Browns
	CHOOSE ONE Coffee, Tea, or Hot Chocolate

A drink bar with a variety of fresh juice is also available.

* Price is not included in the room rate and will be added to your bill to be paid upon checking out.

Question 8	RESPONSE TIME	00:00:15
Question 9	RESPONSE TIME	00:00:15
Question 10	RESPONSE TIME	00:00:30

Question 11: Express an Opinion

(DL) 088

Directions: In this section, you will express your opinion on a certain topic. You will be given 45 seconds of preparation time and then 60 seconds to speak. Try to say as much as you can in that time.

If you were to learn a new skill, what would you choose to learn and why?

RESPONSE TIME
00:00:60

WRITING TEST

Questions 1-5: Write a Sentence Based on a Picture

RESPONSE TIME
00:08:00

Directions: In this section, you will look at each picture and write one sentence based on what you see. You must use the two words or phrases provided, but you can use them in any order and in any form. As well as correct grammar usage, you will be scored on how closely each sentence relates to the relevant picture. You will be given 8 minutes to complete this section.

Question 1

man / sit

Question 2

book / next to

Question 3

wear / and

Question 4

stop / because

Question 5

pay / in order to

Questions 6-7: Respond to a Written Request

Directions: In this section, you will read and respond to e-mail messages. Each of your responses will be scored on the variety and quality of the sentences in addition to vocabulary and organization. You will be given 10 minutes to read and write a response to each message.

Question 6

Directions: Read the e-mail below.

From: Kendall Wilson – Payroll Department
To: Robert Warr – Head of IT
Subject: Time Management System
Sent: November 2

Employees are required to log in and out on their computers when they arrive and leave work. However, many employees are forgetting to do this, and this is resulting in extra work for the payroll department.

Directions: Respond to the e-mail as if you are Robert Warr, the head of IT. In your e-mail, make TWO suggestions and ask ONE question.

RESPONSE TIME
00:10:00

Question 7

Directions: Read the e-mail below.

From: Roger Silcott – Royal Grange Hotel
To: Richard Everett
Subject: Your Stay
Sent: April 18
Thank you for choosing to stay at the Royal Grange Hotel. I am writing to confirm your reservation for a double room from May 1-4. We look forward to welcoming you.

Directions: Respond to the e-mail as if you are Richard Everett, a future guest at the hotel. In your e-mail, ask THREE questions.

RESPONSE TIME
00:10:00

Question 8: Write an Opinion Essay

Directions: In this section, you are asked to state, explain, and support your opinion in essay form in response to the given question. Your essay will be scored on how well you support your opinion using reasoning and/or giving examples as well as on grammar, vocabulary, and organization. You will have a total of 30 minutes to plan, write, and revise your response.

Directions: Read the question below. You have 30 minutes to plan, write, and revise your response. Usually, an essay will contain at least 300 words.

In business, is it more important to be a good listener or to be a good talker? Give reasons or examples to support your opinion.

RESPONSE TIME
00:30:00

模擬テスト1の模範解答と訳・解説

　模範解答と解説を確認する前に、216ページからのチェックシートを使って自分の録音・入力した解答を評価しよう。模範解答には全て音声が付いているので、英文をオーバーラップしたり、リピートしたり、ディクテーションしたりして表現を定着させよう。

Speaking Test

Questions 1-2: Read a Text Aloud

Question 1 089

ノースフィールド銀行クレジットカードサービスにお電話いただき、ありがとうございます。ただ今通話が大変混み合っておりますので、お客さまにはお待ちいただいております。お手元にクレジットカード明細をご用意ください、間もなくカスタマーサービス担当者がお電話に出ます。重ねてノースフィールド銀行クレジットカードサービスにお電話いただき、ありがとうございます。

解説　銀行系クレジットカード会社の自動応答メッセージ。Thank you for calling ... は顧客が耳にする第一声なので、明るくキメたい。カンマの後では一呼吸置き、緩急をつけることを心がけよう。3つの名詞からなる複合名詞 customer service representative（カスタマーサービス担当者）は一息に読めるよう、準備時間に数回リハーサルしておこう。最後のOnce again ... 以下も、顧客が気持ちよく順番を待てるように丁寧に読み上げよう。

Question 2 090

お客さまに申し上げます！　保安と防犯のため、どのお客さまも荷物は常時お手元から離さないようご注意ください。放置された物を見つけた場合は、直ちに空港警備スタッフにご報告ください。スタッフはターミナル1、2、3の空港全体に配置されています。

解説　手荷物の注意を促す空港アナウンス。最初の文は「！」で終わっている。勢いよく読んでほしい。母音で始まるinterestの前の定冠詞theは[ð]となるので注意。passengers、baggage、staffに含まれる母音もしっかり発音しよう。特にstaff（[æ]）とstuff（[ʌ]）の違いは重要だ。A, B, and Cの並列構造が最後にあるので、気を抜かずにしっかりと↗↗↗↘のイントネーションを再現しよう。

Questions 3-4: Describe a Picture

Question 3 091

【全景】This is a picture of a library or bookstore. 【奥】In the background, there are many colorful books arranged on the shelves. 【人物】I can see a man and two children in the picture. 【動作】The man is sitting and holding a book in his hands. 【服装】He is wearing a red shirt and glasses. 【推測】I think the two children might be his sons.

（これは図書館か書店の写真です。奥には、たくさんのカラフルな本が棚に並べられています。写真には、男性1人と子ども2人がいます。男性は座っていて、両手で本を持っています。彼は赤いシャツと眼鏡を身に着けています。2人の子どもは彼の息子ではないかと思います）

解説　図書館にも書店にも見える写真。どちらとも言えない場合は接続詞orを間に挟み、両方とも言ってしまおう。人物は3人（a man and two children）写っているが、その中から1、2人選んで細部を描写すればOK。最後に、子どもと男性の関係をmight be（〜かもしれない）を使って推測している。

Question 4 092

【全景】This is a picture of an outdoor garden.【手前】In the foreground, I can see a path and a grassy area.【奥】・【人物】In the center, I can see a man.【動作】He is standing on the path and holding a yellow broom.【服装】He is wearing a half-sleeved shirt, short pants, and sneakers.【推測】I think he is trying to sweep the garden.

（これは屋外の庭の写真です。手前に小道と草地が見えます。中央には男性がいます。彼は小道に立ち、黄色いほうきを持っています。彼は半袖のシャツに半ズボン、スニーカーを履いています。彼は庭を掃こうとしているのだろうと思います）

解説　屋外の庭の写真。草地（grassy area）は、some grass is growing（草が伸びている）と文で情景を説明してもOK。人物は1人しかいないので、動作や服装、持ち物などを丁寧に描写しよう。

Questions 5-7: Respond to Questions

あなたの国でアメリカのマーケティング会社が調査をしていると考えてください。あなたはスーパーマーケットについて、電話インタビューに応じることにしました。

093

Question 5

Q: How far from your home is your local supermarket?
A: The supermarket is five minutes from my home. It's very convenient.

Q: 自宅から近所のスーパーマーケットまではどれぐらいの距離ですか。
A: スーパーマーケットは自宅から5分です。とても便利です。

解説　How farで始まる、距離を尋ねる質問。模範解答のように所要時間で答えてもいいし、実際の距離で答えてもいい。最後に「便利です」、「かなり不便です」などと感想を足すと、自然な応答に聞こえる。

Question 6

Q: What do you like best about your local supermarket?

A: The bread is very nice and is cheap. I also like the quality of the vegetables.

Q: 近所のスーパーマーケットで一番気に入っていることは何ですか。

A: パンがおいしくて安価です。野菜の品質も気に入っています。

解説 地元のスーパーマーケットで気に入っているところを尋ねる質問。模範解答のように特定の商品を答えてもいいし、「スタッフが気さく（The staff is friendly.）」、「品ぞろえが豊富（They have a good selection of foods.）」など、店舗の特徴を答えてもいい。

Question 7

Q: Why do you think some supermarkets ask shoppers to reuse shopping bags?

A: If people reuse their shopping bags, it helps the environment. Also, the supermarket can save money. The supermarket in my area gives us a small discount if we bring our shopping bags. I think it's a good idea to save our environment and some money at the same time.

Q: 一部のスーパーマーケットが買い物客に買い物袋を再利用するよう求めるのは、なぜだと思いますか。

A: みんなが買い物袋を再利用すると、環境のためになります。それに、スーパーマーケット側もお金を節約できます。私の地域のスーパーでは、買い物袋を持っていくと少し割引してくれます。これは環境とお金を同時に大切にできるいいアイデアだと思います。

解説 店舗が買い物袋の再利用を促す理由について述べる問題。模範解答は環境保護と店舗側の経費削減を挙げている。これ以外に「ゴミが減る（There will be less garbage.）」などもあり得る。地元のスーパーマーケットを具体例に出しているのも説得力がある。模範解答は、意見 → 理由2つ → 具体例 → 結論という理想的な構成。理由は1つでもいいが、その場合は具体例をしっかり説明しよう。

Questions 8-10: Respond to Questions Using Information Provided

 087

Hello. This is Lisa Edwards. I'm going to stay at your hotel this weekend, and I would like to know about the breakfast service. I'd like to check some of the details.

(もしもし、リサ・エドワーズと申します。今週末にそちらのホテルに泊まるのですが、朝食サービスについて伺いたいと思いまして。いくつか詳細を確認させてください)

Question 8

Q: Where will breakfast be served, and when is it available?

A: It's served in the Dining Room on the first floor from 6:00 a.m. to 9:30 a.m.

Q: 朝食はどこで出されて、いつ食べられますか。

A: 1階のダイニングルームで午前6時から午前9時30分までお出ししております。

解説 ホテルの朝食に関する宿泊予定客からの問い合わせ。質問はWhere（場所）とwhen（時間）。典型的なQ8の質問だ。表の上の情報を落ち着いて読み上げよう。模範解答はIt's served in ...（～で提供されます）としているが、シンプルに It's in ...（～でです）でも構わない。

Question 9

Q: I understand that breakfast is included in the room rate. Is that so?

A: I'm afraid not. Breakfast is not included in the room rate, so it will be on your bill when you check out.

Q: 朝食代は部屋代に含まれていると思うのですが。それでよろしいですか。

A: 申し訳ございません。朝食代は部屋代には含まれておりませんので、チェックアウト時に請求額に加算されます。

解説 朝食代が宿泊料金に含まれるとする情報を訂正する問題。「朝食は別料金で、チェックアウトの際に支払う」という表の下の備考が関係してくる。PriceをBreakfastに、upon checking outをwhen you check outに言い換えている点に注目。

Question 10

Q: I know there is a Continental Breakfast and an American Breakfast on the menu. Can you tell me the difference between the two?

A: Sure. The Continental Breakfast is 5 dollars and the American Breakfast is 9 dollars. You can choose one bakery product and one hot drink for both, but the American Breakfast also comes with two eggs, ham, sausage, bacon, and hash browns. You can choose from fried, scrambled, or poached eggs.

Q: メニューにコンチネンタル・ブレックファストとアメリカン・ブレックファストがあるのは知っています。2つの違いを教えてもらえますか。

A: 喜んで。コンチネンタル・ブレックファストは5ドルで、アメリカン・ブレックファストは9ドルです。どちらもパン類と温かい飲み物を一種類ずつお選びいただけますが、アメリカン・ブレックファストにはさらに卵2個、ハム、ソーセージ、ベーコン、それにハッシュポテトが付きます。卵は目玉焼き、スクランブルエッグ、ポーチドエッグからお選びいただけます。

解説 2つの朝食メニューの相違点を要約する問題。1つ目の違いは価格（5 dollars と9 dollars）。2つ目の違いは、AmericanにはTwo Eggsが付くこと。まず価格の説明から入り、共通する項目にふれ、最後にbut（でも）でつないで、Two Eggsに関する詳細を説明すればOK。食事に関する単語は見慣れない・言い慣れないものが多いかもしれない。これを機会に音読練習しておこう。旅先で役に立つかもしれない。

ロイヤルパーク・ホテル
朝食メニュー
1階ダイニングルーム、午前6:00～午前9:30
ダイニングルームにお入りの際は、係員にお部屋のキーをお見せください！

コンチネンタル・ブレックファスト	アメリカン・ブレックファスト
お1人様1食5ドル*	お1人様1食9ドル*
1つお選びください クロワッサン、デニッシュ、トースト	1つお選びください クロワッサン、デニッシュ、トースト
1つお選びください コーヒー、紅茶、ココア	卵を以下のいずれかで 卵2つを目玉焼き、スクランブル、ポーチドで ハム、ソーセージ、ベーコン、 ハッシュポテトとともにご提供
	1つお選びください コーヒー、紅茶、ココア
フレッシュジュースの種類が豊富なドリンクバーもご利用いただけます。	

＊料金はお部屋代に含まれていないので、ご請求書に追加され、チェックアウトの際にお支払いいただきます。

Question 11: Express an Opinion

トピック 088

If you were to learn a new skill, what would you choose to learn and why?
（もし新しく技能を学ぶとしたら、何を学ぶことにしますか、そして理由は？）

模範解答  095

【意見】I would like to learn how to play the piano. 【理由】I think that playing a musical instrument is cool. 【具体例】I sometimes watch people playing the piano on television and I am very impressed. I think that it takes a long time to learn how to play the piano, but I want to try to play well. I like music by Beethoven and Mozart. It sounds very nice. I think that playing the piano is relaxing.

（ピアノの弾き方を学びたいと思います。楽器を演奏するのはかっこいいと思います。時々人々がテレビでピアノを演奏しているのを見ますが、とても感動します。ピアノの弾き方を学ぶには長い時間がかかると思いますが、上手に弾けるよう頑張りたいです。私はベートーベンとモーツァルトの音楽が好きです。聞いているととても気持ちがいいのです。ピアノを弾くとリラックスできると思います）

解説 新しく技能を身に付けるとしたら何がいいかを、理由を添えて述べる問題。「意見 → 理由 → 具体例」の流れを守ろう。模範解答では「ピアノを弾けるようになりたい」とし、その理由は「カッコいいから」。シンプルな理由だが、具体例でしっかり説明が展開されているので、意見に説得力がある。15秒の準備時間は「自分の意見」と「理由を1つ」を決めるだけ

でいい。解答する際は、その2つを20秒前後でまとめ、あとの40秒前後は、考えながら話す感覚だ。具体例には固有名詞（例：Beethoven, Mozart）・数字（例：30 minutes）・時の表現（例：last month）を積極的に入れよう。話にリアリティーが加わり、意見に説得力が出る。

☞ S3、S11のメモ例はp. 214を参照。

Writing Test

Questions 1-5: Write a Sentence Based on a Picture

 096

Question 1

A man is sitting on a park bench.（男性が公園のベンチに座っている）

解説 男性がベンチに座って何かを書いている写真。主語と動詞にそれぞれの語句を使う基本的な問題だ。時制は現在進行形が適している。「ベンチ」をpark benchとしているが、シンプルにbenchでも構わない。

Question 2

There is a book next to the telephone.（電話の横に本がある）

解説 公衆電話の横に電話帳がある写真。「動かせる物（例：book）」の位置を「そこに固定されている物（例：telephone）」を使って表現するのが自然だ。「電話帳があり、それは電話の隣（next to the telephone）に位置する」と描写しよう。

Question 3

A woman is wearing a hat and taking a photograph.
（女性が帽子をかぶって写真を撮っている）

解説 帽子をかぶった女性が屋外で写真を撮ろうとしている写真。動詞wearの目的語は帽子（hat）にしよう。接続詞andは文法的に同じ働きの語・句・節を結び付けるため、ここではA woman isに対する-ing部分をwearing ... とtaking ... とで並列した。

Question 4

They have stopped their bicycles because they want to listen to the music.
（彼らは音楽が聴きたいので自転車を止めた）

解説 数人の人が自転車を止めて何かを見ている写真。接続詞becauseを使うための「理由」を考えよう。模範解答のほかに、「地図を見る必要があって（they need to see a map）」や「携帯電話を見たいから（they want to check their mobile phones）」などもあり得る。

Question 5

The man is paying the parking meter in order to park his car properly.
（男性は適切に駐車するため、パーキングメーターに支払いをしている）

解説 男性がパーキングメーターにコインを入れている写真。前置詞句 in order to ... （〜

するために）に続く男性の「意図」を、模範解答では「適切に駐車する（park）ため」とした。
動詞pay（支払う）はparking meterを目的語に取れることに注目。

....

Questions 6-7: Respond to a Written Request
Question 6

送信者：ケンドール・ウィルソン —— 給与管理課
あて先：ロバート・ワー —— IT部長
件名：時間管理システム／**送信日**：11月2日
従業員は出勤時と退勤時にコンピューターで（時間管理システムに）ログイン、ログアウトをすることになっています。
しかし、これをし忘れる従業員が多く、その結果、給与管理課に余計な業務が生じています。
ディレクション：ロバート・ワーIT部長になったつもりでEメールに返信しなさい。メールの中で、提案を2つ、質問を1つしなさい。

模範解答 097

Dear Kendall,

I received your e-mail about the Time Management System.
First, why don't we put up a notice in the lobby? Employees can see the
notice when they arrive and leave work. Second, how about making an
announcement throughout the building? If people hear the announce-
ment, they will remember to sign in and out. Finally, will workers get paid
less if they forget to log in and out? I don't want to lose any salary.

Regards,
Robert

ケンドールへ／時間管理システムに関するEメールを受け取りました。／【提案1】まずは、ロビーに通達を掲示してはどうでしょうか。従業員は出退勤の際、通達が目に入ります。【提案2】また、全館にアナウンスをするのはどうでしょう？　皆がアナウンスを聞けば、サインインやサインアウトすることを思い出すでしょう。【質問】最後に、ログインやログアウトをし忘れた場合、従業員に支払われる金額は減るのでしょうか。私は給料を少しでも減らしたくありませんので。／ではよろしく。／ロバート

解説　給与管理課のKendall Wilson氏から社員が出退勤記録を忘れる件で相談があり、IT部長のRobert Warr氏が返信する設定。【提案1】でロビーに注意書きを掲示する、【提案2】で館内放送を流す、を挙げ、【質問】では出退勤記録忘れに懲罰はあるかを聞いている。その他の提案として、「出退勤を記録しないと社内ネットワーク（company's intranet）に入れないようにする」、質問には「記録し忘れる社員は全体の何割か」などがあり得る。First、Second、Finallyといったつなぎ言葉もしっかり使いたい。

Question 7

送信者：ロジャー・シルコット——ロイヤルグレンジ・ホテル
あて先：リチャード・エベレット／**件名**：ご宿泊の件／**送信日**：4月18日
ロイヤルグレンジ・ホテルへのご宿泊をお選びいただき、ありがとうございます。Eメールを差し上げておりますのは、

5月1日から4日までの、ダブルルームのご予約確認のためです。お客さまをお迎えするのを楽しみにしております。
ディレクション：ホテルの宿泊客になる予定のリチャード・エベレットになったつもりで、Eメールに返信しなさい。メールの中で、3つ質問しなさい。

模範解答 098

> Mr. Roger Silcott,
>
> Thanks for your e-mail about my stay. I have three questions.
> First, may I please have a room with a nice view? I don't mind paying extra for it. Second, would it be possible to check in early? I will arrive around 11 a.m. Finally, would it be possible for you to put some nice flowers in my room? It's my wife's birthday, and I want to surprise her.
>
> Thank you,
> Richard Everett

ロジャー・シルコットさま／私の滞在についてのEメールをありがとうございます。お尋ねしたいことが3つあります。
【質問1】第1に、見晴らしのいい部屋にしていただけますでしょうか。そのためなら追加料金を払ってもかまいません。**【質問2】**第2に、チェックインを早めることは可能でしょうか。午前11時ごろに到着する予定です。**【質問3】**最後に、部屋にきれいな花を置いていただくことは可能でしょうか。妻の誕生日なので、驚かせたいのです。
よろしくお願いします。／リチャード・エベレット

解説 Royal Grange HotelのRoger Silcott氏からの予約確認に対して、Richard Everett氏が返信する設定。**【質問1】**が「眺めのいい客室に入れるか」、**【質問2】**が「早い時間にチェックインできるか」、**【質問3】**が「客室に花を飾っておいてもらえるか」。冒頭で I have three questions.と質問の「数」を示し、読み手の注意を促している点に注目しよう。その他の質問として、「ホテルのレストランは予約したほうがいいか」や「インターネット回線の利用は無料か」などもあり得るだろう。

Question 8: Write an Opinion Essay

問題の訳
ビジネスでは、上手な聞き手になることと、上手な語り手になることのどちらが大切ですか。理由や例を示して、自分の意見を裏付けなさい。

模範解答 099

● 序論 ●

【意見】From my personal experience as a sales representative, I think it's important to be a good listener in order to succeed in business. **【理由1】**By listening to what customers want or need, we can provide solutions to their problems. **【理由2】**Also, people like someone who will listen to them carefully, and this helps to build a good business relationship.

● 本論1 ●
【理由1】First of all, a good listener will understand the needs of the customer. If we're too busy explaining our company's products, we'll not be able to know what our customers really want. 【具体例】In fact, a few years ago, I was not good at selling things, but I started making better sales after I tried listening to my customers more.

● 本論2 ●
【理由2】In addition, I think people like to talk about themselves and they need a good listener. 【具体例】If a customer feels that they can talk to us about their needs and problems, they'll be happy to deal with us because we listen to them. They'll also trust us and maybe even like us as individuals, too.

● 結論 ●
【意見の再提示】To sum up, it's important to be a good listener to be successful in business. 【理由1の再提示】A good listener can understand what the customer wants and needs, 【理由2の再提示】and it's also possible to build a good business relationship.

　販売員としての私の個人的な経験から、ビジネスで成功するには上手な聞き手になることが大切だと思う。顧客が何を求め、必要としているのか聞き取ることで、相手の問題に解決策を提示することができる。また、人々は自分の話をじっくり聞いてくれる人が好きなので、これが仕事上の良い人間関係を築くのに役立つ。
　何よりもまず、上手な聞き手は顧客のニーズを理解することになる。もしわれわれが自社製品を説明するのに忙殺されたら、顧客が本当は何を求めているのか知ることができないだろう。事実、数年前の私は販売成績が良くなかったが、顧客の声にもっと耳を傾けるようにしてからは売り上げが上がり始めた。
　加えて、人々は自分のことを話すのが好きで、上手な聞き手を必要としていると思う。もし顧客が自分たちのニーズや問題をわれわれに話せると感じたら、話を聞いてくれるからという理由で喜んでわれわれと取引をするだろう。信頼もしてもらえるだろうし、さらには個人として好きになってもらえるかもしれない。
　まとめると、ビジネスで成功するには、上手な聞き手になることが大切だ。上手な聞き手は顧客の求めることや必要としていることを理解することができ、ビジネス上の良い人間関係を築くこともできるのだ。

解説　序論では、「上手な聞き手になることが重要」とし、「顧客の問題に解決策を提示できる」、「人々は自分の話を注意深く聞く人に好意をもつので、良い関係を築ける」の2つを理由としている。本論1では、In fact（実は）から始めて、自分の苦い経験を具体例として挙げている。本論2では、If節を使いつつgood listenerのメリットをアピール。結論はTo sum up（まとめると）から始まり、意見を再提示して、本論1、2を1文にまとめている。加点を狙うなら本論3を足して5パラグラフとし、全体で280～300語書くといいだろう。良い聞き手になれば「知識や情報が得られる」、「話し手をリードし、話し合いの方向をつかめる」などを第3の理由にしてもいい。

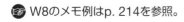 W8のメモ例はp. 214を参照。

こちらはインターネット上で受験する模擬テスト2の模範解答と解説。1と同様に216ページからのチェックシートを使って録音・入力した自分の解答を評価した後、じっくり確認しよう。

Speaking Test

Questions 1-2: Read a Text Aloud

Question 1 100

マーシュ製薬の全従業員は、オフィスのコンピューターを個人的な用途に使わないよう再度徹底してください。これには、SNSへのアクセス、オンラインでのショッピング、仕事に直接関係のないサイトの訪問も含まれます。質問やさらに詳しい説明が必要な方は、上長に申し出てください。

解説 製薬会社の社員に対する、コンピューターの私的利用を禁止する社内放送。第1文は長いので、reminded thatの後で一呼吸入れるつもりで読むといい。固有名詞Marsh Pharmaceutical（Marsh製薬）は準備時間に数回リハーサルし、本番では堂々と読み上げよう。A, B, and C（accessing, conducting, and visiting）の並列構造は見抜けただろうか。しっかりと↗↗↘の抑揚をつけること。社員に対する注意喚起のアナウンスなので、落ち着いたトーンで、若干の厳粛さをもった音読が内容にふさわしい。

Question 2 101

ジョンソン・ファッションズでは今週、ジャケット、ブラウス、ドレスの最大20パーセント引きをご提供。さらに今週、当店のサイトをご訪問いただくと、サングラスが無料でもらえるクーポンが手に入ります。クーポンはプリントアウトして、お買い物の際に販売員にご提示いただくだけです。

解説 今週開催の、衣料品を扱う店舗のセール広告。いきなり第1文にA, B, and C（jackets, blouses, and dresses）の並列構造がある。↗↗↘の抑揚を忘れずに。第2文は、意味の切れ目に当たるcouponとentitlingの間で一呼吸置くと、読みやすく聞き取りやすい。名詞coupon（割引券）は[kú:pɑn]、[kjú:pɑn]、[kú:pɔn]と発音が数通りある（クゥとキュゥの違いに注目）。自分の言いやすいものを選んで、1つに統一しよう。発音の仕方が複数ある単語は、自分の中で統一することが重要だ。

Questions 3-4: Describe a Picture

Question 3 102

【全景】This is a picture of a store entrance. 【手前】In the foreground, I can see some merchandise on display. 【奥】In the background, I can see several adults and children. 【人物】・【動作】The man in the middle is leaning over and reaching for something. 【服装】He is wearing a black jacket and pants. 【推測】I think this store is located in a train station or airport because of the signage.

(これは商店の入り口の写真です。手前にはいくつかの商品が陳列されています。奥には、数人の大人と子どもが見えます。中央の男性は身を乗り出して、何かに手を伸ばしています。彼は黒い上着とズボンを身につけています。表示から、この商店は鉄道の駅か空港にあるように思います)

解説 往来の多い店頭で、商品を選んでいる男性が手前に写っている写真。模範解答は全景をstore entranceとしているが、station or airportとしてもいい。「何が正しいか」より「自分にはどう見えるか」を優先して描写しよう。模範解答の最後の文では「表示（signage）」を推測の根拠としているが、because I can see some signs for transportation.（交通機関の表示が見えるから）などと、文で表現してもいい。

Question 4 103

【全景】This is a picture of a yard.【奥】In the background, I can see a house and some trees.【人物】There is a man in the middle.【動作】He is operating a lawn mower.【服装】He is wearing a cap, a long-sleeved shirt, and long pants. 【推測】I think he is the owner of the house and trying to maintain his yard on the weekend.

(これは庭の写真です。奥には家と何本か木が見えます。中央には男性がいます。彼は芝刈り機を操作しています。彼は帽子をかぶり、長袖のシャツと長ズボンを着ています。彼は家の持ち主で、週末に庭の手入れをしようとしていると思います)

解説 家の裏庭の写真。芝刈り機（lawn mower）は覚えておくと便利な単語だ。He is mowing the lawn（彼は芝刈りをしている）と文で説明してもよい。模範解答のように情景と動作から人物の立場（この場合は家の持ち主や庭師）を推測することもできる。

....

Questions 5-7: Respond to Questions

あなたの国でアメリカのマーケティング会社が調査をしていると考えてください。あなたは水泳について、電話インタビューに応じることにしました。

DL 104

Question 5

Q: Do you swim more often now than when you were a child? Why or why not?

A: I swim much less often now than when I was a child. I regularly went to the pool with my friends. Nowadays, we do other things together.

Q: 子どものころに比べて、今のほうが頻繁に泳ぎますか。なぜですか、またはなぜ泳ぎませんか。

A: 子どものころに比べると、今はめったに泳ぎません。（当時は）友達と定期的にプールに行っていました。今はほかのことを一緒にやっています。

解説 子どものころよりも頻繁に水泳をするかどうか、理由を添えて答えるタスク。比較級 more/lessとoftenを組み合わせて頻度の増減を答えよう。泳げない場合は、I can't swim, so

I almost never go swimming. （泳げないので、まず泳ぎに行かない）と正直に答えていい。

Question 6

Q: Where do you like to swim?

A: I prefer to swim in a pool rather than in the sea. I think the water is cleaner.

Q: どこで泳ぐのが好きですか。

A: 海で泳ぐよりもプールのほうが好きです。水がきれいな気がするんです。

解説 水泳する場所を答えるタスク。a pool in a sports club（スポーツクラブのプール）、a community pool（市民プール）も使える表現だ。泳がない人は、I don't swim, but my mother often goes to a community pool.（自分は泳がないが、母がよく市民プールに行く）などとしてもいい。

Question 7

Q: Describe how you learned to swim.

A: To be honest, I don't remember exactly. I know it was in Guam while on vacation with my family and I was about 7 or 8 years old. The hotel had a large pool and I spent a lot of time there. I guess I just learned to swim by myself rather than being taught.

Q: 泳ぎ方をどうやって習ったか説明しなさい。

A: 本当のところ、しっかりとは覚えていないんです。休暇でグアムに家族と行ったときだったのはわかっていて、自分は7歳か8歳くらいでした。ホテルに大きいプールがあって、そこでとても長い時間を過ごしたんです。教えてもらったというより、自分で泳ぎ方を覚えたんだと思います。

解説 泳げるようになった経緯を話すタスク。模範解答はよく覚えていない人の場合だが、My father taught me how to swim.（父が教えてくれた）や、I went to a swimming school when I was a kid.（子どものころに水泳教室に通った）と具体的に答えることもできる。泳げない人は、水泳が嫌いになった経緯や、今まで水泳を習うチャンスや必要性がなかったことを正直に語ってもいい。作り話はどこかに無理が出る。結果としてスピーキング・スキルをアピールできればOKだ。

Questions 8-10: Respond to Questions Using Information Provided

Hello. This is Yuki Masuda. I'd like to confirm my work schedule for the first week of June.

（もしもし、ユキ・マスダです。6月1週目の仕事の予定を確認したいと思います）

 105

Question 8

Q: How many tours will I conduct during the first week of June?

A: Let me see. You will conduct three tours.

Q: 私は6月1週目にいくつのツアーの添乗をしますか。

A: ええと。3つのツアーの添乗をします。

解説 ツアーガイドの勤務表に関するガイド本人からの問い合わせ。How manyで始まる、添乗するツアーの数に関する質問だ。合計「3つ」あるが、時間に余裕があれば日程（on June 1, 4, and 5）まで言ってみよう。

Question 9

Q: A friend is visiting me in San Jose on June 6. Do I have a tour scheduled on that day?

A: No, you don't. You have a day off. However, if another tour guide is sick or absent, you will be asked to work that day.

Q: 友人が6月6日にサンノゼに私を訪ねてくるんです。その日にツアーの予定はありますか。

A: いいえ、ありません。その日はお休みです。ただ、ほかのツアーガイドが病気になったり休んだときは、その日に働くよう要請されます。

解説 友人が来る6月6日に、ツアーが入っているかを確認する質問。表にDay Off（非番）とあるので答えはNoだが、June 6に付いている「*」に注意。表下に「病欠の人がいたら添乗してください」とあるので、これを言い添えよう。

Question 10

Q: Can you tell me which tours I am conducting, the various departure times, and who the drivers will be?

A: On both June 1 and June 4, you will conduct a day tour of San Francisco. The departure time is 8 a.m. and the driver is Ben. On June 5, you will conduct a morning tour of San Jose. The departure time is at 9 a.m. and the driver is David.

Q: 私が添乗する予定のツアーと、出発時間の種類、それにドライバーが誰かを教えてもらえますか。

A: 6月1日と4日は両日とも、サンフランシスコの1日ツアーに添乗します。出発時間は午前8時で、ドライバーはベンです。6月5日には、サンノゼのモーニングツアーに添乗します。出発時間は午前9時で、ドライバーはデービッドです。

解説 3日間の勤務予定を要約するタスク。模範解答のように、場所・出発時刻・ドライバーが共通するJune 1とJune 4をまとめて言うと「省エネ＆時短」になる。非番の4日間を最後に付け加えると（例：You have four days off, on June 2, 3, 6, and 7.）、加点される可能性が高い。求められている情報を漏れなく伝えた上で時間が余ったら、周辺情報を付け加えつつ、解答時間いっぱい話す習慣を付けておこう。加点が期待できるだけでなく、次の設問へ弾みがつく。

● 資料の訳 ●

ウエストコースト・ツアーズ
ユキ・マスダ氏用ツアーガイド勤務予定

日付	ツアー	出発	ドライバー
6月1日（月）	サンフランシスコ1日ツアー	08:00	ベン
6月2日（火）	非番		
6月3日（水）	非番		
6月4日（木）	サンフランシスコ1日ツアー	08:00	ベン
6月5日（金）	サンノゼ・モーニングツアー	09:00	デービッド
6月6日（土）*	非番		
6月7日（日）	非番		

＊もし別のツアーガイドが病気もしくは欠勤の場合は、この日のツアー添乗を要請されます。

Question 11: Express an Opinion

トピック

Some people prefer to take their vacation overseas while others prefer to stay in their home country. Which do you prefer and why?

（休暇を海外で過ごすのを好む人もいれば、一方で母国に滞在することを好む人もいます。あなたはどちらで、それはなぜですか）

模範解答  106

【意見】I prefer to take my vacation overseas, and there are several reasons why.【理由1】First, I enjoy speaking foreign languages, experiencing different cultures, and eating different foods.【具体例】Last year, I visited both France and Thailand. I learned a few words of French.【理由2】Second, I have already visited most of the places of interest in my own country.【具体例】When I was a child, my family took me everywhere. In addition, I had several school trips to various places in my own country. As a result, I prefer to travel overseas now.

（私は海外で休暇を過ごすほうが好きで、それにはいくつか理由があります。最初に、外国語を話したり、さまざまな文化を体験したり、異なる食べ物を食べるのが好きなのです。昨年はフランスとタイを訪れました。いくつかフランス語を覚えました。2番目に、母国の中で興味のある場所はもうほとんど訪ねてしまいました。子どものころ、私の家族は私をあらゆる所に連れていったのです。加えて、数回の修学旅行で国内のさまざまな場所を訪れました。結論として、今の私は海外旅行のほうが好きなのです）

解説 休暇を国内・海外のどちらで過ごしたいかを、理由を添えて述べる問題。模範解答は「海外派」で、理由は2つ。つなぎ言葉のIn additionが、2つ目の理由に対して具体例を「加える」ことを示している。つなぎ言葉の適切な使用は加点ポイントなので、できるだけ使うようにしよう。もし「国内派」なら、「移動時間が短いため旅先で疲れないこと」や「お気に入りの宿が国内にあり、毎回そこに行くことにしている」といった理由もあり得る。快適に過ごした休暇の話を具体例に出すと、説得力がアップする。Q11は堅苦しく考えず、同僚と意見交換をし

ているようなイメージで練習してほしい。テンプレートは役に立つが、最終的にはそこから「はみ出る」ことを勧めたい。

🔑 S3、S11のメモ例はp. 215を参照。

Writing Test

Questions 1-5: Write a Sentence Based on a Picture

 107

Question 1

A woman is standing in a beautiful park. (女性が美しい公園の中に立っている)

解説 女性が公園で立っている写真。主語と動詞にそれぞれの語句を使う。時制は現在進行形が適している。場所の表現は、in a Japanese gardenなどもいいだろう。別解としてA woman is standing and checking her mobile phone.（女性が立って携帯をチェックしている）などもあり得る。

Question 2

Two people are sitting outdoors in the sunshine.

(2人の人物が日差しを浴びて、屋外で座っている)

解説 男性と女性が屋外のベンチに座っている写真。動詞sitと副詞outdoors（屋外で）を組み合わせ、主語を決めれば文は完成。主語はA man and womanでもOK。in the sunshine（日差しを浴びて）の代わりに、near the lake（湖の近くで）などもいいだろう。

Question 3

There is a table by a closed door. (閉じたドアの横にテーブルがある)

解説 部屋のドアの左右に机や椅子、壁には絵や時計が飾ってある写真。動かせる物の位置（例：table、picture、clock）を、そこに固定されているdoorを使って描写するのが自然だ。The table is by a closed door.でももちろんOK。

Question 4

Some small boats are tied to a dock in a harbor.

(港の桟橋に数そうの小船がつながれている)

解説 ボートが3そう、ロープで岸につながれている写真。前置詞toは動詞tie（つなぐ）を使って、be tied to ...（…につながれている）とするのが写真に忠実な描写だ。主語はSeveral boatsなどでもいい。最後のin a harborは省略可能。

Question 5

A passenger is talking to a staff member because she has a complaint.

(乗客は苦情があるので、係員と話している)

....

Questions 6-7: Respond to a Written Request
Question 6

送信者：ジョージ・テイラー —— 編集担当
あて先：ティム・アームストロング
件名：記事のお願い／**送信日**：6月1日
あなたの上司のウェンディ・ミッチェルが私に連絡をくれて、あなたが大変面白い趣味をおもちだと教えてくれました。それについて社内報に記事を書いていただきたいのですが。
ディレクション：非常に面白い趣味をもつティム・アームストロングになったつもりで、Eメールに返信しなさい。メールの中で、情報提供を2つ、質問を1つしなさい。

模範解答　 108

Dear George,

Thank you for your e-mail. I would be delighted to write an article. First, I have been collecting soft drink cans for over 15 years. So far, I have collected over 900 cans from around the world. Second, some of the cans are very rare and quite valuable. I have one can that is from 1975 and is worth over $900 at auction. Finally, how long should the article be? This is my first time to write such an article, and I would appreciate your advice.

Thank you,
Tim Armstrong

ジョージへ／Eメールをありがとうございます。喜んで記事を書かせていただきます。【情報1】まず、私は15年余りもソフトドリンクの缶を集めています。これまでに世界中の900種類余りの缶を集めました。【情報2】次に、中にはとても珍しく、大変価値のある缶もあります。私が持っている1975年製の缶は、オークションで900ドル余りの値段が付きました。【質問】最後に、記事の長さはどのくらいですか。こういう記事を書くのは初めてなので、アドバイスをいただけると助かります。／ではよろしく。／ティム・アームストロング

解説 編集者のGeorge Taylor氏からTim Armstrong氏への執筆依頼に対し、彼が返信する設定。模範解答では、【情報1】は缶を収集していること、【情報2】は高価な品もあること、【質問】は記事の長さについて、となっている。そのほかの情報としては、「趣味に関するブログを書いている」や「地元紙の取材経験がある」、質問としては「写真は必要か」などがあり得る。最後にThanks for giving me an opportunity to write about my hobby.（趣味について書く機会をいただき感謝します）などと書き足すと加点が期待できる。

Question 7

送信者：キム・ソン —— イースト・ファッションズ社CEO（最高経営責任者）

あて先：アヤコ・スズキ —— イースト・ファッションズ社東京支店長

件名：東京支店訪問／送信日：7月15日

私は明後日に東京に到着し、2日間滞在する予定です。この短い滞在期間中に、あなたの支店に参ります。訪問に先立ち、あなたの支店や従業員、それにこれまでに経験した問題点などを教えてもらえますか。

ディレクション：イースト・ファッションズ社東京支店長のアヤコ・スズキになったつもりで、Eメールに返信しなさい。メールの中で、情報提供を2つ、問題の説明を1つしなさい。

模範解答 109

Ms. Kim Song,

Thank you for your e-mail. I am looking forward to welcoming you to Tokyo. First, we have 30 employees at our Tokyo store. Most of them are part time. Second, we are located in the middle of the main business district. As a result, a lot of our customers are young professionals, and they usually visit our store during their lunch hour. Unfortunately, we have had trouble keeping good staff. As most of them are part time, they leave after a few months to take up full-time positions elsewhere. I hope this information is sufficient. I look forward to meeting you.

Regards,
Ayako Suzuki

キム・ソンさま／Eメールをありがとうございます。東京でお迎えするのを楽しみにしております。【情報1】まず、私どもの東京支店には従業員が30名おります。ほとんどがパートタイマーです。【情報2】次に、立地は主要ビジネス街の真ん中です。結果として、顧客の多くが若いビジネスパーソンで、彼らは通常、当店を昼休みに訪れます。【問題】残念ながら、優秀なスタッフを雇い続けるのに苦労しています。ほとんどがパートタイマーであるため、数カ月もすると別の正社員の職を求めて辞めてしまうのです。この情報が十分なものであることを期待します。お会いするのを楽しみにしております。／敬具／アヤコ・スズキ

解説 CEOであるKim Song氏から、東京支店の店長であるAyako Suzuki氏へ届いた問い合わせに、彼女が返信する設定。【情報1】で従業員情報、【情報2】で立地と客層の情報、【問題】でスタッフの離職率の高さに言及している。その他の情報として、「ライバル店の様子」や「従業員教育」、問題として、「店舗賃貸料の高さ」や「客単価の低さ」などもあり得る。ビジネス経験や消費者の視点が生かせるタスクだ。書き始める前にしっかりアイデアを練りたい。

Question 8: Write an Opinion Essay

問題の訳

チームの優秀なメンバーになるのに必要な資質は何ですか。理由や例を示して、自分の意見の根拠としなさい。

模範解答 110

● 序論 ●

【意見】I think that an effective team player needs to be organized, communicative, and have an ability to compromise when necessary.

● 本論1 ●

【理由1】For starters, when working in a team, tasks are often assigned to different members. This often requires team members to manage their own time well in order that they can complete their responsibilities on time. A team member may often have to work alone. This also requires good time and task management skills.

● 本論2 ●

【理由2】In addition, it is important for team members to be able to deal with people from various walks of life.【具体例】I was once a member of a team that consisted of people from three different countries who ranged in age from 21 to 57 years old. From this experience, I learned that team members have to get along with colleagues even though each member of the team may have a very different personality or cultural background.

● 本論3 ●

【理由3】Finally, a team member should be able to compromise. A team consists of many members who may have different outlooks and ideas. We have to sometimes agree with ideas that we may not fully support.【具体例】When I was young, I rarely compromised. Now, however, I find that people listen to my ideas more readily if I support theirs more often.

● 結論 ●

【意見の再提示】As a result, if a team member is well organized, friendly, and can compromise sometimes, I believe that they can be an effective member of the group.

　チームの優秀なメンバーになるのに必要なのは、計画的であること、対話能力があること、それに必要なときに妥協する能力があることだと思う。

　まず、チームで仕事をする際は、作業がさまざまなメンバーに振られることがよくある。これによってチームのメンバーは、時間どおりに自分の責任を全うするため、自身の時間をうまく管理することをしばしば求められる。メンバーの1人が、単独で仕事をしなければならないこともよくあるだろう。これにもまた、時間と作業の高い管理能力が必要となる。

加えて、チームのメンバーにとって、さまざまな分野・職分の人々とうまくやれることも重要だ。私はかつて、年齢層が21歳から57歳までの3つの異なる国の人々から成るチームのメンバーだったことがある。この経験から、チームの各メンバーが非常に異なる個性と文化的背景をもっていようと、チーム内のメンバーは同僚と仲良くやらなければならないと学んだ。

　最後に、チームのメンバーには妥協する能力があるべきだ。1つのチームには、さまざまな見解やアイデアをもっているであろう多くのメンバーがいる。時には完全には支持できないアイデアに同意する必要がある。私は若いころは、めったに妥協しなかった。しかし今は、私が彼らのアイデアを支持すればするほど、人々が私のアイデアにも喜んで耳を傾けてくれることを知った。

　結論として、もしチームのあるメンバーが大変計画的で、友好的で、時に妥協することができるのなら、その人物は集団の中で、優秀なメンバーになり得ると信じている。

解説　序論では、「計画的であること、人との対話能力があること、折り合いをつけられること」がチームプレイヤーに必要な資質であるとし、本論1・2・3で各ポイントを説明、結論でポイントを再提示する、5パラグラフ構成のエッセイだ。書いているうちに内容が重複するのを避けるため、最初に3つのポイントのキーワードを打ち込んでおくことをお勧めする。その他の資質としては、「ユーモアのセンス（sense of humor）」や「偏見のなさ（open-mindedness）」などがあり得るだろう。Googleでキーワード検索すると（例：team player quality）、関連する英語のサイトがたくさんヒットする。そこからアイデアだけでなく、単語・フレーズ・構文を借りるのも、使える語彙や表現を増やす1つの方法だ。

W8のメモ例はp. 236を参照。

Practiceのメモ例

1）思いつくままにメモすることがコツである　2）メモの内容を全て使う必要はない
3）メモの中から使いやすいキーワードを選ぶ
この3点を踏まえ、p. 211～215のメモ例には、解答例には出てこないキーワードも書き出しています。

S3-4 アイデアメモ

(問題p. 45～46)

Q1

mtg. room w/ windows
bright
table, pitcher, glasses, tray

4 ppl
♀ stand & talk, 3 seated
biz suits, tie
プロフェッショナル

discussions

Q2

outdoor, beach, bldg.
ppl: rest on bench, tall trees

♂ jog, leggings, black & green

♀ ride bike, backpack
blue hoodie, black bottoms

sunny, weekend?

Q3

party
food & drink, table, cloth
exit sign, light

adults, children

♀ talk, phone, black jacket

♂ write, pen, 7~8 yrs?
red jacket

Q4

street, ppl
bench, store, flowers, sign

♀ sit w/ dog
blue jeans,
boots, black? gray?

not so busy weekday
winter?

Q1

schedule

e.g.) 3 am flight
sleepy, no train & bus

lunch time flight
China last year, easy

Q2

+
no need to travel far
wake up late, get home early
× drive car, save $

—

boss calls
work on weekend

Q3

Disagree

1. med. can't cure
   e.g.) grandma keeps taking
   med

2. new illness
   find cures, but not all

Q1

Nonnative

same 1st lang.
1. can teach effectively
   e.g.) explain 文法

2. good role model for Ss
   motivate
   give good advice

Q2

Ad on the Internet

1. quick & simple
   only pc w/ 電波
   free apps
   can update anytime

2. more info
   paper vs. online
   size: no limit
   sales & promotion

Q3

1. flexibility
   can move easily,
2. no payment for repair
   can save $

—
1. rent can increase
2. have to leave if owner asks

模擬テスト 1 のメモ例

S3 アイデアメモ
(問題p. 179)

Library or bookstore?
books, shelves
man, 2 children

♂ sit & hold book,
red shirt, ○○⌐

children
his sons?

S11 アイデアメモ
(問題p. 183)

play piano
cool

1. ppl playing on TV,
   impressed

2. long time to learn
   Beethoven, Mozart
   relaxing

W8 アイデアメモ
(問題p. 189)

good listener

1. solution to customers:
   understand needs, better
   sales

2. ppl like good listeners:
   like talking about themselves,
   trust & like GLs as
   individuals

模擬テスト 2 のメモ例 (問題はオンライン)

S3 アイデアメモ
(模範解答 p. 200)

store entrance

merchandise
adults & children
signs, ppl

♂ learn over, buy lunch?
black jacket & pants

signage
→ mall/station/airport?

S11 アイデアメモ
(模範解答 p. 204)

Overseas

1. ♡ lang., cultures, foods
   France & Thailand

2. already visited most places
   family trip, school trip

W8 アイデアメモ
(模範解答 p. 209)

1. organized
   tasks to members:
   time & task management

2. communicative
   ppl from various backgrounds
   e.g.) members from 3 countries

3. compromise
   ppl have diff. ideas
   never compromised when young
→ now support ppl more

模擬テスト用 チェックシート

))))·Speaking Test

Q1-2 音読問題の評価ポイント 120点取得には「4つ以上クリア」を目指そう	OKなら✔			
	模擬テスト1		模擬テスト2	
	Q1	Q2	Q1	Q2
1. 英文を読んで内容をイメージできた	☐	☐	☐	☐
2. 準備時間中に声を出して練習した	☐	☐	☐	☐
3. 固有名詞・数字は言い直さずに音読できた	☐	☐	☐	☐
4. 英語らしい発音を心がけた	☐	☐	☐	☐
5. 単語のアクセントは正確だった	☐	☐	☐	☐
6. イントネーションの上げ・下げを意識できた	☐	☐	☐	☐
7. 意味のまとまりを意識できた	☐	☐	☐	☐

Q3-4 写真描写問題の評価ポイント 120点取得には「4つ以上クリア」を目指そう	OKなら✔			
	模擬テスト1		模擬テスト2	
	Q3	Q4	Q3	Q4
1. 無言の時間がほぼなかった	☐	☐	☐	☐
2. 4センテンス以上言えた	☐	☐	☐	☐
3. 全体・細部・推測／感想を全て言えた	☐	☐	☐	☐
4. 人物を描写した	☐	☐	☐	☐
5. 全てのセンテンスに主語と動詞があった	☐	☐	☐	☐
6. 同じ単語を3回以上繰り返さなかった	☐	☐	☐	☐
7. 解答だけを聞いて、写真が思い浮かんだ	☐	☐	☐	☐

Q5-7 応答問題の評価ポイント 120点取得には「4つ以上クリア」を目指そう	OKなら✔	
	模擬テスト1	模擬テスト2
1. 質問の内容をすぐ理解できた	☐	☐
2. 無言の時間がほぼなかった	☐	☐
3. ビープ音の後、間を置かずに話し始めた	☐	☐
4. 自然なテンポとスピードで話せた	☐	☐
5. Q5とQ6は2センテンス以上言えた	☐	☐
6. Q7は5センテンス前後言えた	☐	☐
7. Q7は意見と理由や具体例を言えた	☐	☐

||||| Speaking Test

Q8-10 提示された情報に基づく応答問題の評価ポイント 120点取得には「4つ以上クリア」を目指そう	OKなら ✔	
	模擬テスト1	模擬テスト2
1. 資料を45秒以内に読んで理解できた	☐	☐
2. 質問の内容を正確に理解できた	☐	☐
3. 解答に必要な情報をすぐに探せた	☐	☐
4. ビープ音の後、間を置かずに話し始められた	☐	☐
5. 自然なテンポとスピードで話せた	☐	☐
6. Q8とQ9はフルセンテンスで答えた	☐	☐
7. Q10は必要な内容を全て言えた	☐	☐

Q11 意見を述べる問題の評価ポイント 120点取得には「4つ以上クリア」を目指そう	OKなら ✔	
	模擬テスト1	模擬テスト2
1. トピックの内容を理解できた	☐	☐
2. 準備時間に「自分の意見」と「理由」を考えられた	☐	☐
3. 解答中に3秒以上、無言になる時間がなかった	☐	☐
4. 「自分の意見・理由・具体例」を全て言えた	☐	☐
5. 「理由」は意見を説明する内容だった	☐	☐
6. 「具体例」は理由を裏付ける内容だった	☐	☐
7. 聞き手の理解を妨げるほどの文法ミスがなかった	☐	☐

✏ Writing Test

Q1-5 写真描写問題の評価ポイント 120点取得には「4つ以上クリア」を目指そう	OKなら ✔									
	模擬テスト1					模擬テスト2				
	Q1	Q2	Q3	Q4	Q5	Q1	Q2	Q3	Q4	Q5
1. 1文を1分以内に作成できた	☐	☐	☐	☐	☐	☐	☐	☐	☐	☐
2. 最後に見直しの時間が取れた	☐	☐	☐	☐	☐	☐	☐	☐	☐	☐
3. 文が指定された2つの語句を含んでいる	☐	☐	☐	☐	☐	☐	☐	☐	☐	☐
4. 文が写真に関連している	☐	☐	☐	☐	☐	☐	☐	☐	☐	☐
5. 文法ミスがない	☐	☐	☐	☐	☐	☐	☐	☐	☐	☐
6. スペルミス・タイプミスがない	☐	☐	☐	☐	☐	☐	☐	☐	☐	☐
7. 語句の形は必要に応じて変えてある	☐	☐	☐	☐	☐	☐	☐	☐	☐	☐

Q6-7 Eメール作成問題の評価ポイント 120点取得には「4つ以上クリア」を目指そう	OKなら ✔			
	模擬テスト1		模擬テスト2	
	Q1	Q2	Q1	Q2
1. Eメールの内容を理解できた	☐	☐	☐	☐
2. 解答時間内に返信Eメールを作成できた	☐	☐	☐	☐
3. 3つの課題全てに答えている	☐	☐	☐	☐
4. 課題の解答はEメールの内容に関連している	☐	☐	☐	☐
5. 意味が伝わらないほどの文法・語法ミスはない	☐	☐	☐	☐
6. つなぎ言葉を使っている	☐	☐	☐	☐
7. 使用構文が多様である	☐	☐	☐	☐

Q8 意見を記述する問題の評価ポイント 120点取得には「4つ以上クリア」を目指そう	OKなら ✔	
	模擬テスト1	模擬テスト2
1. トピックの内容を理解できた	☐	☐
2. 意見とその理由を考えてから書き始めた	☐	☐
3. 200語前後書けた（※最終目標は300語以上）	☐	☐
4. 「序論・本論・結論」の3部構成で書けた	☐	☐
5. 意味が伝わらないほどの文法・語法ミスはない	☐	☐
6. つなぎ言葉を使っている	☐	☐
7. 使用構文が多様である	☐	☐

執筆者

横川綾子（よこがわあやこ）

明治大学国際連携機構特任教授。上智大学法学部国際関係法学科卒業。テンプル大学大学院教育学研究科教育学修士号取得（英語教授法）、同博士後期課程在学中（応用言語学）。大学教員として、留学志望者・経験者を対象とする英語プログラムの開発、留学促進、海外教育機関との交流推進を担当する一方、TOEFL iBT® Propell Workshop Facilitator, TOEIC® (4 skills) Propell Workshop Instructor 等として、英語教員や学習者対象のセミナーを全国各地で行う。著書に『実戦力徹底トレーニング 書く英語』（共著、横川綾子・大六野耕作、2019年、アルク）ほか多数。

改訂版 はじめてのTOEIC® S&Wテスト完全攻略

発行日：2023年11月22日（初版）

著者：横川綾子

編集：株式会社アルク 出版編集部

英文校正：Margaret Stalker、Peter Branscombe

編集協力：Tony Cook

アートディレクション：伊東岳美

イラスト：大塚たかみつ

写真：松井正紀、江藤友佳（改訂時追加分）

ナレーション：Michael Rhys、Carolyn Miller、Greg Dale、Julia Yermakov
Kymberly Forsythe、Howard Colefield、Deirdre Merrell-Ikeda

録音・編集：株式会社ジェイルハウス・ミュージック

DTP：株式会社創樹

印刷・製本：シナノ印刷株式会社

発行者：天野智之

発行所：株式会社アルク

〒102-0073　東京都千代田区九段北4-2-6　市ヶ谷ビル

Website：https://www.alc.co.jp/

地球人ネットワークを創る

アルクのシンボル
「地球人マーク」です。